我是怎樣混進聯合國的?

陳文華——著

自序

　　我生性魯直，後知後覺，有些人批評我說，你何德何能，怎麼就混進聯合國？

　　我出身台灣苗栗貧困鄉下，小時放牛，與草木蟲魚為伍，注定一輩子必須靠勞力，兢兢業業，才能維持溫飽，怎麼說都與遠在天邊的聯合國無緣。但是，人算不如天算，陰錯陽差，我不但混進聯合國，而且無災無難公卿幹到六十歲屆齡退休。

　　我在窮鄉僻壤的小學畢業後，勉強考上苗栗農業學校，準備子承父業。初農畢業時，暗戀村長女兒，知道她在苗栗中學，就偷偷去考苗栗中學高中部。我僥倖錄取，她已離去。我高中畢業，又糊裡糊塗考上東海大學，那年文理不分科，我分數低，被分到政治系。東海是教會大學，由美國人教英文，我聯考英文三十九分，英文按程度分ABCDEF班，程度差，被分到E班，差不多是從零開始學起英文。老師以直接法教授，老師Miss Crowdford剛從美國來，一句中文也不會。上課數星期後，老師夜晚逐個請學生逐個到她家個別談話，她那時還年輕，我還是生平第一次與洋女人單獨相處，心中小鹿亂撞。她先請我喝咖啡，那是我第一次嘗咖啡，苦澀難耐，她看出我皺眉，示範我加糖加奶。她見我一臉茫然，問我是不是聽不懂她的話？原話是「Do you understand me?」我自作多情，竟以為她是在誘

惑我，問我是不是理解她的心意，滿臉漲得通紅。她見我如對牛彈琴，勸我多喝咖啡。我連乾四杯，那晚竟通宵失眠。

大一，張佛泉教我們政治學概論，要我們要直接讀英文教科書。他只簡單講大意，我只有查字典逐字逐句去讀那本教科書，有些句子怎麼讀也讀不懂，有一位好心的同學，告訴我重複多讀幾次，停數分鐘或數日後，就會懂了。我按照他的辦法，讀了大半年，把全書讀完。那確是一本很好的入門書，它以進化論來論政治學，認為政治是社會現象，不是哲學，也不是精確的科學，稱之為政治科學（political science）是不對的。

大二時選「通才教育」（現在改稱「通識教育」），選了牟宗三的課，他以超越理性講心性之學，光《中庸》的「天命之謂性，率性之謂道」兩句就講了半年，聽得我如醉如癡，立志研究人生哲學。我轉入中文系，打算跟他學。中文系的入學分數比政治系低，我成績也不出色，系主任張佛泉沒有挽留我。我轉入中文系後，發現牟宗三已在暑假期間離台赴港任教。我不得已，在中文系改從徐復觀學人性論史。他以（歷）史治哲（學），很契合我的務實素性。

大學畢業，承徐復觀錯愛，聘我為助教。單身職員住「白宮」宿舍，裡面兩排十多間單人房，雜住助教和美國英語教師。英語教師年紀與我們相仿，與我們同桌吃飯，他們都在學中文，有困難的中文問題，常找我這個中文系助教問，有時我們也一起散步，逼得我非開口說英語不可，開始結結巴巴，說多了，也能達意。不斷自我更正錯誤。我讀英文書沒有間斷，

先讀容易懂的書;難懂的書也找來拼命讀,我還借了外文系同學的莎士比亞全集,讀了大半本。英文書讀多了,先前不懂的英文文法也豁然開朗。我用這種嬰兒牙牙學語的方法學英語,話說多了,自然而然,不會說的也會說了,讀不懂的也讀懂了。不只把英文學通了,後來竟靠英文維生。我也靠這個方法學會日語,目前我正用同樣的方法學法文。

我學了牟宗三的玄學,誤以為佛法更為深奧,自力學佛學。漢譯佛經看不懂,中文佛書又太淺,我盡力找英文佛學著作來讀,我利用圖書館,同時買盜版書讀;我差不多把全部鈴木大拙的禪宗書看完。不知為什麼,觸動我起意要去印度學梵文。經過努力,我獲得印度巴拉納斯印度大學的入學許可後,因與中文系主任梁容若相處不睦,毅然辭去東海大學助教,到台北等待簽證。等了幾個月,因台灣與印度之間沒有邦交,簽證被拒。我毛遂自薦,回故鄉母校苗農教國文。

徐復觀從旁人打聽我流落苗栗,把我推薦給中央研究院歷史語言研究所所長李濟,李濟聘我至史語所當助理員。但是我學佛的欲念始終盤旋腦中。四年後,東京大學佛學教授中村元訪台,徐復觀請吃飯,我奉陪,我讀過中村的書,對他佩服得五體投地,飯後,我隨他到他住宿的飯店用英語談了一個多小時,他回日後很快寄來東京大學研究生證件。我於是赴日到東京大學印度哲學科跟他學梵文和佛教。

我到東京大學,辦完入學手續後,吃驚地發現研究生只是旁聽生,需要考試及格才能當正式生。

我帶的錢很少,不知省吃儉用,很快花完,開始打工。上課和打工之餘的假日,常去找在東京大學念博士的東海前輩鄭欽仁聊天。他曾受白色恐怖之害,左傾又具台獨意識。他介紹我去內山和東方書店找左派書看。因剛從台灣禁書牢籠解放,我如飢若渴讀一些台灣看不到的香港或大陸出版的書,感動最深的是史諾(Edgar Snow)的《紅星照耀中國》(Red Star Over China)的英文本,中文版名《西行漫記》。

　　現在回顧史諾,他青年時期,一頭拱進延安,出來之後,全心全意宣傳毛澤東,歌頌共產黨,其動機可能是追求新鮮新聞,打出名號。他那時受到時代侷限,還多少情有可原。晚年,他在瑞士過布爾喬亞生活,仍然時常應邀奔赴文革北京。以他交遊廣闊,見多識廣的新聞記者背景,難道會看不出中國人民貧窮落後和毛澤東的倒行逆施?中國的那一套與他過的生活情調格格不入。然而他仍然出版一本又一本的宣傳毛澤東的書,顯然是因他可以進出中國的特權,販賣獨家消息圖利。我不禁要追問,難道他所影響我的第一本書《紅星照耀中國》,是否也為這種違心之作?

　　史諾夫人洛伊斯・惠勒・史諾(Lois Wheeler Snow)死前說,一九七〇年(他們夫婦)首次到訪中國時,她和丈夫得到了帝王般的待遇。人民共和國首任總理周恩來和她一起觀看乒乓球賽,與孫中山的妻子宋慶齡共進晚餐,尤其值得注意的還有在國慶遊行時,她和她的丈夫與毛澤東並肩站在了天安門城樓上——後來,毛澤東藉此向理查德・尼克松(Richard M.

Nixon）總統發出願與華盛頓建立關係的信號。

　　一九七〇年代初，史諾的健康狀況開始惡化，毛澤東和周恩來派出三名醫生、四名護士和一名譯員前往瑞士，照顧他們。出賣良心，竟能得如此豐厚回報，可能是出乎他當年預想之外吧。

　　我既不能在東大當正式生，逐漸連旁聽也很少去。為生活，大部分時間都在打工。我拿了辛苦工錢，情緒苦悶，常常跑去喝酒。惡性循環，愈陷愈深，前途一片黑暗，幾乎無法自拔。

　　我住處鄰居有一美國人，當兵數年退役，靠豐厚的退休金來日本留學，與日本女友同居，日語流利。我們成了好友，在我日語還說得結結巴巴時，他常替我當日語翻譯。我介紹他看《紅星照耀中國》和其他談論台灣蔣介石腐敗政權的英文書，他受我影響，也變成左派。還利用我介紹的書籍完成上智大學的碩士學位。很快一年過去，我需要學生證明，才能到日本出入國管理局申請延期。我既不去東京大學上學，第二年就由他介紹我到上智大學，拿研究生證明，辦好延期後，連課也沒有去上。

　　國民黨儘管從小灌輸我愛國（中華民國或中國），但對我影響很小，長輩恨外省人因外省人佔盡他們的便宜。我在台灣學校功課，成績都不出色，沒有人勸誘我入國民黨。進大學之後，我不會講閩南話，朋友多是外省人，我記得那時最要好的朋友是單身在台流亡學生，母親在香港難民營，姐姐左傾留在大陸。我雖然沒有直接受到國民黨的迫害，也聽說不少國民黨

的劣跡，我最終在東京被徐逸樵的言行感動（或欺騙）而成為毛主義者。

我自台啟程赴日之前，徐復觀從他收藏的名片冊中，抽出十餘張名片，叫我抄下地址和電話，要我有空去找他們請教。其中有徐逸樵，徐復觀那時就向我強調說，徐逸樵是共產黨員。

徐復觀怎麼會與徐逸樵熟識？他們都是蔣介石幕僚，徐復觀在蔣的內圈，徐逸樵追隨王芸生，屬於蔣介石外圍的日本專家。台灣《自由中國》主編雷震，留日出身，徐逸樵化名替雷震寫日本通訊。徐復觀兩次赴日，透過雷震引薦，兩人在反蔣方面，有許多共同話題。

我在台灣時，因好奇透過英文書，已讀過一些共產主義的理論。國民黨在台灣愈宣傳反共，愈引起我對共產主義的好奇。我正想見見共產黨是怎麼樣的三頭六臂，在那麼短的期間內席捲半個世界，並把蔣介石趕到台灣。聽說有這麼一位現成的共產黨員，自然想見一見。

我在東京安頓之後，打電話給徐逸樵。他在電話裡告訴我說，已接到徐復觀對我獎掖的信，他叫我如何乘地鐵到澀谷，改乘某號巴士，到何處下車，依址就可以找到他家。折騰了大半天，我到了徐家。他家是獨門獨院的兩層樓木造房。我那時還不知寸土寸金的東京都內獨立家屋的市值。依照我現在熟悉東京房地產的行情估計，他那棟豪宅現在約值五百萬美元以上。

我見家裡只有他們夫妻兩人，我後來查出，他是一八八九年生，他見我那年時七十二歲，太太年紀略小，兩人都十分健

康,生活完全自理。

　他們見到我十分熱情,略為寒暄之後,他就跟我談日本古史,認為日本文明都是源自中國,他特別提起鐵器。他驚奇我對中國古籍熟悉,引為同道。他大概很少有機會與念中國古書的人談話,如忘了關水龍頭的自來水,滔滔不絕。我也一無拘束,放言高論。

　以後我每次去,她太太都先燉了日本飯館不賣的豬腳,為我解饞。他又發現我喜歡喝啤酒,也先買了許多啤酒,他們夫妻卻滴酒不沾。有時我啤酒喝多了,睏得眼睛實在睜不開,他一個人還繼續說下去,我醒後才答話,他似乎也不在乎。

　我當時還無法充分理解他的寂寞。現在的我比當年的他還老,增多了人生閱歷,處身於他當年的境地,完全理解老人的寂寞。他信仰共產主義,生活在資本主義發達國家,看什麼都不順眼,看到我這好學青年,嚮往共產主義,立即引為同道。

　徐逸樵當年進東京高等師範。老師之一是後來編《大漢和字典》的諸橋徹次。諸橋獨力編纂至今仍是世界上最好的中文字典。他大部分資料毀於第二次世界大戰的戰火,戰後又重新搜集資料,終在晚年竣工。本以為台灣會有人買他的字典,但是台灣很快就出版了盜印版,張其昀也找些研究生將他的字典翻成中文,改名《中文大字典》出版,令他喪失不少應有的版稅收入。日本戰後,糧食缺乏,糖果糕點根本買不到。日人好甜食,戰爭一結束,徐逸樵是麥克阿瑟太上政府成員的中國軍事代表團的團員。到了日本後,首先想到恩師諸橋,知道日人

最缺糖，於是帶了一包糖到他家。諸橋見到麥克阿瑟政府吉普車開到他門口，他在戰前已是名人，以為他犯了甚麼罪，要來抓他，戰戰兢兢地出來，看到一個中國人，卻不認識。因他教出的學生很多，與徐逸樵也分別多年，一時認不出來。徐逸樵跟他解釋半天，他才理解來者是善意。鞠躬多次，收下糖包。這對徐逸樵而言是小事一件，諸橋卻為此感恩不已。以後每年這一天，諸橋一定請徐逸樵到外面餐館吃飯，數十年不間斷，直到諸橋老得走不動了，他還每年送禮物和親筆寫信來問候。後來日本經濟發達，諸橋成了日本的國寶，徐逸樵卻被吊銷中華民國護照，地位近乎難民，主客易位，諸橋對他依然禮遇如舊。

　　徐逸樵學成回國，住在上海，留日歸國學人，以內山書店為中心，形成非正式團體。魯迅、郭沫若都來過，他還在不同的時候見過這兩人，但與他們沒有交情。但他後來與郭沫若同第二任夫人佐藤安娜生的第二個兒子郭博很熟。據徐逸樵向我轉述，郭博每見到徐逸樵必罵他父親郭沫若無情無義。郭博隨安娜到中國尋夫，發現郭又有新歡。郭將安娜一家安置在大連。最近見日文報紙載安娜女兒育有一女，搬回日本，成為大學教授，是有名的郭沫若專家。

　　徐逸樵畢業後回國，在蔣介石內圈似乎官運亨通。一九四六年抗戰勝利，國內因國民黨亂發金元券，通貨膨脹日益嚴重，他被派往日本任職麥克阿瑟太上政府內中國代表團團員，領美金。

徐逸樵沒有回中國大陸，在日本長居。我初見他時，驚異的是羨慕他生活闊綽。他說他致富之道是買賣房地產。房地產買賣首先要有本錢。我始終對他本錢來源抱持懷疑態度。
　　他知道我英語流利，有一次他叫我隨他到日本最高級區西麻布，與一位洋人房客談判。那單棟洋房極大，在半山坡上，獨門獨院，與附近人家遠遠隔開，是我到美國之前見過的最大豪宅。洋人很乾脆，只要求房價不漲，就願意續租，徐逸樵也很爽快，一口答應。我不記得房租多少，只記得似乎是我沒有想像過的天文數字。我問這是他的房子嗎？他說不是，它本來是清朝政府財產，駐日代表團繼續管理，代表團裡面心向祖國的一批人在代表團撤廢前，紛紛將這些不動產變更到私人名下，不交給蔣介石政府，準備將來交還祖國──中華人民共和國。
　　徐逸樵是徹頭徹尾的毛澤東主義者。我身處異國，人生歷練不足，在他感召之下，很快變得極端。
　　我在東京從報上看到一批台灣人組成的華僑總會，由會長帶領南下長崎，響應「毛主席」號召，仿照紅小兵行徑，去砸那裡的孔子廟。那是一八九三年所建的古蹟，他們的舉動自然與日本當地警察產生衝突。我當時還暗地佩服這些僑領的勇氣。後來我也認識了那位會長，循循儒者，樂善好施，還幫我找到六本木廬山飯店的洗碗工作。
　　有朋友說，人一窮就左，一闊就右，應用到我身上正合適。人一無所有時，恨不得共別人的產，有錢時，就怕自己的錢被別人共去。發生共產革命的國家差不多都是窮國，愈革命

愈窮，愈窮愈革命。

我變左後，學業荒廢。東京大學入學大學院考試那天，正值日本各大學受中國文革及美國反越戰影響，發生大規模暴動，東京大學被鎮暴警察包圍得如鐵桶一般，大門不讓進出。我不得其門而入，因此錯過入學考試。過了很久我才知道另有邊門，知情的日本學生從那裡進去考試，等我發覺時，為時已晚。

我帶來日本的錢很有限，又不會省吃儉用，錢很快花完，為了吃飯開始找工作，不知怎麼找到東海中文系同班同學林武照，他熱情為我介紹打工。他早我幾年到東京，日語精通。我小時也幹過農活，城市活，按經理命令，隨時變換，我動作遲鈍，時常挨罵。因為工作時間太長，我認為妨礙學習，心理不適應，覺得苦不堪言。

我先隨他在超市工作，我負責賣醬油。早上排隊如軍隊般由超市經理訓話，說明今天工作重點，如醬油特賣，醬油組需多派人，注意醬油架上是否貨源充足。工作辛苦，我沒有幹多久，就無法繼續幹下去。

我改在打珠子店負責清潔打掃。然後又在三溫暖店擔任清潔工。三溫暖裡面的客人都是赤身裸體，為表示對客人尊重，清潔工也不能例外，需要裸體工作。我不習慣赤裸裸在人前走動，幹不到兩天我就辭職。

我最常幹的是飯館洗碗，端盤送菜輕活需與客人打交道，非精通日語，不能勝任。我這新手，只能整天雙手泡在熱肥皂水中，不停洗刷。晚上回家，雙手紅腫不堪。

打工店主都是華僑店家，也都是我的東海同班同學林武照替我找的。一般日本人開的店不會請我，首先口頭日語就過不了關。

　　有一段時間，林武照與我頂下一間叫「札幌」拉麵連鎖店，由我們兩個人下廚賣麵。由於麵館前面一兩年內要拓寬，麵館遲早會被徵收由都政府賠償損失。都政府給錢大方，店主坐等賠償金，麵館即使不賺錢也讓我們兩個外行人經營。我們早上十一點開店，工作到深夜，收入開始不錯。

　　我與林武照算是札幌總公司的雇員，一個台灣人是該公司的檢查員，他一星期來我們店一次收錢。來了就自己下麵，加麵加料，免費飽餐一頓。他與林武照說閩南話，但由於我不會說閩南話，和我則必須說國語。他對說國語似乎很反感，故對我有敵意。他是台大政治系畢業，在東京大學老早修完博士課程，不能拿博士，是激烈台獨，因回不了台灣，單身在東京過一天算一天。來多了，與林武照也談女人。由於未婚，他有很深的性苦悶。有一天告訴林武照說，他前一晚與瑞士的白種女人發生關係，花了他幾個月的積蓄。後來林武照來美，談起舊事，談起這位台獨，說他晚年已不是台獨，花錢從中國娶了一個年輕老婆，從事中日貿易。

　　因我們不懂麵館經營之道，沒有認真工作，生意愈來愈差，不到一年，客人減少到無法維持，只有再頂給別人；又開始做那些有一天沒一天的苦力零工。

　　東京混不下去，我的舊識拉我去廣島，在廣島大學混了個

東洋史碩士學位，年紀已經一大把，前途茫茫，陷入我人生的最低潮。

東京另有一位東海同屆經濟系同學姓周，在東京開麵館，有一天，他參加東海大學同學會，歡迎黨史委員會主任委員蕭繼宗到會。蕭在東海大學曾教過我，大概是因為我與徐復觀走得太近，不喜歡我。我查看他生平，他原是孫立人的秘書，到台灣後，成了蔣經國駐東海大學（秘密）特務最高頭目。孫立人是被蔣經國打倒的，蕭繼宗可以從孫派的人一變而為敵對的蔣經國重用，並進入蔣經國權力核心，必然有過人的能耐。

蕭在我任助教期間曾與一肥胖女學生談戀愛，鬧得校園內沸沸揚揚，最後由蕭太太善後，說服女學生退讓，成全他們夫婦白頭偕老。

蕭退休離開東海大學後，國民黨秘密幹部浮出水面，任國民黨高官，後來以台灣省國民黨黨部主委身份，訪問日本，在東京召見東海大學校友，問及我的近況，提及他聽說我已投共。周把蕭的話轉告我。

我是膽小人，護照過期，也不敢到大使館延期。不久簽證也到期，沒有護照，就不能申請簽證。我正走投無路時，東海中文系有一後期同學在柏克萊加州大學修完博士課程，找工作，準備應試聯合國翻譯。來信問我是否願意跟他一起去考，他可以拿到報名表。我以為聯合國翻譯的英語一定很難。我又非英文系畢業，也沒有在英語國家留過學，很是遲疑。他回信說我一定考得上。報名表是我在東海大學前期同學陳治利替我拿來的。他是保

釣分子第一次應邀到中國大陸訪問的五人團之一。

我與聯合國東京辦事處來來回回通信幾次，決定在東京的聯合國一個附屬單位——似乎是亞洲研究所印度人所長辦公室內考試。所長很忙，一邊接電話，一邊監考。我專心考試，他大聲說話，我聽而不聞。考題有英翻中、中翻英，以及法文等其他語文。我學過一點法文，看法文試題似乎能應付過去。那印度主管對我很照顧，告訴我答卷，要有完全把握，才下筆。我聽他話，沒有翻法文。事後回想，沒有翻是對的。就這樣考了三整天試。

我讀一般英文沒有問題，寫也勉勉強強。考前，我到東京內山書店找尋北京出版大陸人寫的英文宣傳讀物，以便熟悉大陸人的英文書寫習慣，大陸人寫的英文政治性文章，教條連篇累牘。我只找到鄧小平一九七四年在聯合國特別大會演說詞中英對照本一冊，把它讀得滾瓜爛熟，幾乎可以全文背誦。誰知天下竟有這等巧事，聯合國試題的中譯英竟然就是鄧小平演說詞的一整段，我如實抄上，可能得了滿分。

我現在還記得鄧小平演說詞引周恩來一九七三年共產黨第十次全國代表大會的「國家要獨立，民族要解放，人民要革命」作結。這個「要」字，中共欽定翻譯是want。我當時若非事先看了北京中英對照，一定不敢那麼大膽而霸氣地使用want，而會譯為wish或desire。

考試最重要的是英翻中的「一般性文件」（general paper）。我知道大陸流行的白話文都帶有洋腔洋調，因我在中研院史語

所讀了近五年《四書五經》和《諸子百家》，古文根基比一般留美學人深厚，盡量採用典雅白話文翻譯。我記得試題中出現disarmament，我平日不關心國際事務，不知怎麼譯，心血來潮，自作主張，按《左傳》譯為「弭兵」，回家查大陸出版的英漢字典，發現譯為「裁軍」。我想這下完了，心中忐忑不安。我進入聯合國後發現舊同事中有出身北大和清華者，他們熟讀古籍，能作舊詩，可能是他們之一看我考卷，我因「弭兵」而得福。

考完半年不到，來信說我考取，派來聯合國官員，路過東京，用中文口試我，沒交談幾句，就說我通過了，臨別告訴我，還說我得了高分。我生平考試多次，差不多每考必敗。獨獨這次考聯合國翻譯成功。我之被錄取，非我之能，可說是各種機緣巧合。

我安心回去東京六本木廬山飯店打工等待，不久聯合國寄來聘書、到美國大使館拿了簽證，第二天就飛往美國舊金山，次日赴紐約聯合國大廈上班。

我一九七五年進入聯合國時，中共已經替代國民黨。同事多數是國民黨時代的舊人，少數是因保釣有功考進去的左派台、港留學生。他們兩批人絕大多數是外省人。經過幾年之後，陸陸續續來了少數大陸共產黨人，迄我退休時，大陸人已過半數有餘。

我幹到二〇〇〇年屆齡退休為止，共二十四年，佔我人生三分之一。我人生最精華部分虛耗於朝九晚五無休無止的人事漩渦。心煩時候，寄情讀書和旅行。捱到六十歲離開聯合國，

才真正鬆了一口氣,慶幸無災無禍,全身而退。退休之後五年,我仍住在紐約,因是驚弓之鳥,走路都要避開是非之地數百公尺,最後一了百了,搬到日本鄉下京都,度我餘生。

我回顧聯合國歲月,歷經國民黨和共產黨兩朝,不過我心態上卻似乎經歷三朝。國民黨一朝,保釣二朝,共產黨三朝。我這台灣鄉巴佬突然被拋入紐約聯合國大樓二十三層,有如劉姥姥入大觀園,又如愛麗絲遊夢幻境,眼花撩亂,目不暇給。我朝九晚五,冷眼旁觀,欲知其中逸聞軼事,且聽我這三朝遺老,細細道來。

我是怎樣混進聯合國的？

目次

自序		003
第一部分	國民黨篇	021
	聯合國	022
	國民黨	031
	情欲	037
	老人幫	050
第二部分	保釣篇	057
	李我焱	058
	加州三雄	069
	曾仲魯	076
	官二代	084
	夕陽紅	091
	龍女	099
	當權派	103
	台灣幫	107
	廣東幫	115
	新加坡人	121
	林雲	125
	烈士	133

第三部分	共產黨篇	141
	翻譯公司	142
	預訓班	146
	弄權	155
	天安門	160
	扣薪	167
	大逃亡	180
	非洲	183

第一部分
國民黨篇

聯合國

　　1943年希特勒橫掃西歐，日本打遍東亞。美國雖強，卻遲遲沒有出手。

　　等到1944年6月6日西線諾曼第登陸，同年東線麥克阿瑟反攻，戰勢立即逆轉，德國和日本兵敗如山倒。

　　美國羅斯福總統，在對日宣戰之前，已有了聯合國的構想，他與英國邱吉爾首相商談，邱吉爾忙於大英帝國後事，無暇顧及。他只有自起爐灶，下令國務卿組織委員會策劃此事。

　　羅斯福無意於建立世界政府，那是要犧牲國家主權，包括美國自己也要出讓若干利益。他期望的是防範世界第三次大戰於未然。

　　羅斯福與邱吉爾談後，於1941年8月14日簽訂《大西洋憲章》，聲明待納粹暴政毀滅，欲重建世界和平，建立廣泛而永久的普遍安全制度。羅斯福向邱吉爾提議組織一國際組織，擬用英國詩人拜倫長詩「恰爾德・哈羅爾德遊記」（Childe Harold's Pilgrimage）中描述1815年滑鐵盧戰役中的反法同盟的「聯合國」（united nations）為名。接著1943年11月28日羅斯福和邱吉爾邀蘇聯史達林在伊朗首都德黑蘭的蘇聯大使館舉行三巨頭會議，史稱「德黑蘭會議」。

　　德黑蘭會議期間，羅斯福於1943年11月29日下午，與史達

林舉行了45分鐘的私人會談。羅斯福提出「世界警察」問題。羅斯福認為，未來的聯合國組織最高一級應為「四警察」機構，由蘇聯、美國、英國和中國組成，有權快速處理任何對和平構成威脅的事件和突發事變。羅斯福進一步補充說，在和平可能受到威脅時，「四警察」有兩種對付方法：一種情況是，如果威脅起因於一個小國的革命或擴張，「四警察」可以採取隔離的方法，封鎖有關國家的邊界並實行禁運。第二種情況是，如果威脅更嚴重，四大國即以「警察」身份行事，向有問題的國家發出最後通牒，如果這一通牒被拒絕，就將立即對該國實施轟炸和可能的軍事進攻。斯大林雖然贊同，但卻排斥中國列入四警察。英國也主張由「三警察」而不是「四警察」統治世界。羅斯福堅持，中國是一個擁有4億人口的國家，把它當作朋友，總比當作一個潛在的麻煩來源要好一些。

　　由於羅斯福一再堅持，蔣介石的中國於1944年8月21日至10月7日，在敦巴頓橡樹園舉行的會議上，與美、英、蘇一起規劃了聯合國憲章的基本輪廓。美國最初的方案是由4個常任理事國和7個非常任理事國組成，後來又提出吸收法國作第五個常任理事國，接著又補充，將來還可能建議增加一個拉美國家為第六個常任理事國，即巴西。美國認為，巴西的人口、面積和資源使它有充分的理由加入常任理事國。巴西還在二戰中為反法西斯盟國的勝利作出了傑出貢獻。蘇聯代表堅決主張，安理會常任理事國暫定為四國；以後法國加入後，為五大國。英國代表也反對巴西作為常任理事國。

1945年2月11日，雅爾達會議結束，羅斯福、史達林、邱吉爾發表聯合聲明，定於4月25日在舊金山召開聯合國國際組織會議。1945年6月26日，舊金山制憲會議圓滿結束，《聯合國憲章》正式簽署。憲章第23條明確規定：安理會的五個常任理事國為：美利堅合眾國、蘇維埃社會主義共和國聯邦、中華民國、大不列顛及北愛爾蘭聯合王國、法蘭西共和國。五大常任理事國的地位從此被正式確立。1945年10月24日，四十六國簽署批准憲章，聯合國於焉登場。

　　蔣介石的中國是弱國，抗日慘勝，全靠美國的兩顆子彈。史達林和邱吉爾瞧不起蔣介石，而且史達林在許多國家都建有「蘇維埃」，中華蘇維埃處在陝甘寧邊區，蔣介石遲早是他要消滅的敵人。

　　另一方面，羅斯福和邱吉爾卻百般遷就史達林。若史達林拒不參加聯合國，他們的世界組織就沒戲了。史達林在第二次世界大戰結束後，已佔領比帝俄，甚至比蒙古帝國，更大的領土。為實現征服世界野心，列寧早在1919年3月就在蘇聯成立「共產國際」。後來史達林為要與資本主義國家共同對抗法西斯主義，名義上取消「共產國際」，實質上它在世界各國的宣傳和秘密活動並未中止。譬如在中共取得政權之後，朝鮮半島和東南亞共產黨的扶持，一部分交由中共分擔。

　　列寧得勢之後，將俄國改名為蘇維埃聯邦。蘇聯就是蘇維埃聯邦的簡稱，它也不是國，而是高於國家的聯合體，它與聯合國的形式差不多相同。蘇聯之外，還有由克里姆林宮指揮的「人民

共和國」的共產陣營。預期供解放全世界使用。史達林那時夢想解放全世界,首先要顛覆歐洲民主政府,進而赤化美國。

　　史達林對參加聯合國開始就沒有興趣,因為他已有自己的超乎國家實體的「蘇維埃共和國聯盟」,將來還要吸納全世界。因此對羅斯福和邱吉爾的倡議採取冷處理,再三敦請之後,才勉予答應,並要求說,蘇維埃聯盟已有十六個共和國加盟,這十六個共和國應通通成為聯合國成員國。羅斯福開始反對,後來不得已妥協,蘇聯最後除其自身外,烏克蘭和白俄羅斯也成為會員國;所以蘇聯在聯合國大會中擁有三票,而蘇維埃聯邦共和國在安全理事會擁有常任理事國一席。數十年後,這三票變成蘇聯解體的分裂線。

　　羅斯福為防止各國以歷史固有領土為藉口,他主張維持戰後領土現狀,不得以任何名義要求變更。後來有少數國家不遵守這項約定,中共聲稱釣魚台為固有領土,日本要求俄國歸還北方四島等。那時蘇聯在戰後已佔領許多別國的領土,羅斯福乞求蘇聯放棄;而許多亞非拉領土仍處於歐美國家的殖民地狀態,蘇聯則要求逐步結束。聯合國原計畫設反殖民事務部,按照列寧邏輯,反殖民就是反帝國主義。不得已,經聯合國專家委曲求全,定名為怪異的「非殖民化」。

　　聯合國從創立那天起就帶有左傾趨向。

　　羅斯福是民主黨人,思想左傾,心腹很多是親蘇分子,如副總統華萊士(Henry Agard Wallace),財政部長霍普金斯(Harry Lloyd Hopkins),他的新政包含許多政府干預的社會

主義政策。據史達林的情報頭子貝利亞兒子自述,華萊士好酒好色,事實上是蘇聯情報員(Sergo Beria著,*Beria Mon Père*,法國Plon/Criterion出版,1999,第158頁)。二戰期間,羅斯福敬佩史達林勇敢抵抗希特勒,聽從蘇聯出身猶太人遊說,通過租借法案大力援助蘇聯,寄望蘇聯拯救歐洲。處處委曲求全,認為戰爭是帝國主義國家之間對於資源和市場的爭奪,為防範大規模的世界大戰,讓當時的五強擁有關鍵性的否決權。五強中有一國不同意,就無法通過普遍性的決議。即使如此,美國乘蘇聯遷怒不出席場合,啟動近乎世界大戰的韓戰。

羅斯福政府決策層又有蘇聯間諜潛伏。

阿爾杰・希斯(Alger Hiss)在上世紀30年代時就與蘇聯政府頻繁來往,「以美國政府官員的身份行間諜之實」。希斯1936年進入美國國務院,1944年就任國務院特殊問題政治局局長。1945年2月,他以顧問身份陪同羅斯福總統,出席在蘇聯舉行的美英蘇三國高峰會議——雅爾達會議。

在雅爾達會議上,美國總統羅斯福、英國首相邱吉爾和蘇聯史達林制定了第二次世界大戰戰後的世界新秩序和列強利益分配方針,形成了「雅爾達體系」以及後來的聯合國。

許多人批評雅爾達會議,使蘇聯及各國共產黨得以控制中歐、東歐以及亞洲許多國家。羅斯福和邱吉爾為爭取蘇聯紅軍對日本宣戰,向史達林妥協,會議部分內容侵犯損害中華民國權益甚大。

雖然無法確定雅爾達會議開始前和會議期間,希斯給予了

史達林多少一手情報。但是可以確定的是，蘇聯在雅爾達會議上處處得到先機，而且似乎美國的底牌都很清楚，雅爾達會議對蘇聯來說佔盡優勢。在雅爾達會議上，美蘇通過密約形式，確認蘇聯戰後獲得日本千島列島，並讓史達林蘇聯出兵中國東北並占據瓜分中國的權利，這直接嚴重損害了蔣介石中華民國的權利。

至於日本北方四島，美國國務院內部認為，南千島群島由於歷史與原居民民族關係，不應被列入轉交給蘇聯的領土範圍。並據此向總統提交了建議書。根據事後調查，羅斯福並未閱讀到該建議書，而是採納了希斯的建議，將南千島群島作為北海道的一部分「整體移交給蘇聯」。這也成為日蘇領土爭端的根源。

希斯的間諜行為一直都沒有被美國察覺，直到在「麥卡錫運動」中被指控為共產黨分子和蘇聯間諜。1948年8月，《時代》周刊編輯、前美國共產黨員惠特克·錢伯斯（Whittaker Chambers）向美國政府舉報希斯，稱希斯企圖在政府機關內安插共產黨員及其同情者，並向蘇聯提供國務院機密。

當時的《時代周刊》刊登了這個世紀新聞，因為涉及到核心人物，一時之間全美國都沸騰了。輿論分成了兩派，一派認為希斯就是蘇聯共產黨的間諜，要求嚴懲；另一派則宣稱他是無辜的，是被共和黨政客和蘇聯特工給陷害了。美國法庭拿希斯很無奈，因為共和黨人提交的指控材料（文件、微縮膠片、打字機）是1938年之前的，美國法律規定間諜罪的追訴時效只

有10年。換句話說，這些證據無法定他的罪。

美國政府並不甘心，以偽證罪判處希斯5年有期徒刑。希斯在監獄中僅服了4年零8個月刑，被提前釋放。他92歲死，死前出版自傳《一生的回憶》（*Recollections of a Life*），否認曾為蘇聯間諜。

蔣介石最初欲將中共排除於聯合國組織事務之外，但禁不住蘇聯和宋慶齡施壓，最後是羅斯福「不提供實際援助」要脅，促使中共代表董必武與列。

1945年4月25日，聯合國國際組織會議在舊金山召開，50國政府及諸多非政府機構參與並起草《聯合國憲章》。聯合國內部組織仿照蘇聯共產黨的組織，例如聯合國最高首長稱Secretary General，是共產黨總書記（General Secretary）的倒置。辦事處稱Secretariat，則照搬共產黨「書記處」。最高行政機關安全理事會（Security Council）則是蘇聯共產黨的政治局（Politburo）。當時聯合國憲章的中文翻譯員想必十分為難，他們都是反共的國民黨官員，當然不會依照共產黨的思路去翻譯這些名詞，把應該譯為「總書記」的譯為「秘書長」，「書記處」譯為「秘書處」，顯得不倫不類。

蘇聯國家安全人民委員部（特務組織）克魯格羅夫（Sergei Nikiforovich Kruglov）將軍為蘇聯代表團成員之一，負責聯合國的組織，回國後，向史達林的劊子手貝利亞兒子說，他在會議場散步時，看到二十多位熟面孔，也就是蘇聯間諜混跡各國代表團中（參見Sergo Beria著，*Beria Mon Père*，第176頁）。

聯合國成立之後，威脅世界和平的最大根源一是來自共產主義的擴張，二是反西歐文明的恐怖主義，這些都是創建聯合國的羅斯福和邱吉爾始料所不及的。

羅斯福一生敗筆，莫過於拉攏蘇聯，讓它輕而易舉佔領東歐和朝鮮、中國東北，幫助中共打敗蔣介石。其實，以美國的實力，即使沒有蘇聯的幫忙，也能打敗德國和日本。美國有殺手鐧，就是原子彈。它只不過向日本的邊緣地區丟了兩顆原子彈，日本天皇忙不迭地宣布無條件投降，若在柏林市中心也丟一顆原子彈，希特勒即使不死，也只能自殺而謝國人。蘇聯在德國和日本被打得落花流水之後，才出兵，撿收成果，佔領東歐、滿洲、朝鮮，與美國平分天下，分庭抗禮。蘇聯若沒有出兵，歐陸和東亞都是美國一國佔領，扶持民主，也就沒有後來蘇聯的擴張，自然也沒有後來的韓戰和越戰，以及現在的中共強大，無謂耗費美國許多人命和資源。世界也會比現在和平得多。

聯合國第一任秘書長呂格韋·賴伊（Trygve Halvdan Lie）出生於挪威奧斯陸，1911年加入挪威工黨，後取得律師資格，選入挪威議會。1935年，他加入約翰·尼高斯沃爾內閣，任司法大臣，不久轉任貿易大臣。

賴伊是忠誠左派，而且是蘇聯十月革命的擁護者，與列寧會過面，與蘇聯淵源甚深。他接納被史達林驅逐出境的托洛茨基，不久又勸其離境。

賴伊率領挪威代表團參加了1945年在舊金山舉行的聯合國

制憲會議並主持了安理會章程的起草工作。次年2月1日，他被選為首任正式的聯合國秘書長。他的獲選得力於史達林的全力推薦，而美國卻不得不妥協。

賴伊在回憶錄中說：「我可以說是被推向秘書長這一職位的。當時的世界被動盪、貧窮和大國對抗所困擾。而這個新成立的國際組織的秘書長的職責就是要維護這個世界的和平和促進它的進步。這一挑戰是我做夢都不敢想像的，同時它對於我來說也是一場惡夢。」賴伊所說的這一惡夢是指當時的蘇聯由於他支持向朝鮮戰場派遣聯合國部隊並努力結束蘇聯對聯大的抵制而開始對他發難。事實上，蘇聯在他任職的後三年裡拒絕承認他。加上參與對左翼人士進行大規模迫害的美國國會參議員約瑟夫·麥卡錫指責他在聯合國雇傭了許多所謂的「不忠誠的」美國人，使得他不得不在1952年11月10日宣佈辭職。

國民黨

　　中華民國聯合國成立大會的代表團團長是代理行政院長兼外交部長宋子文，成員還有：駐美大使魏道明、駐英大使顧維鈞、前駐美大使胡適，中共代表董必武，國民參政會主席王寵惠、李璜、吳貽芳，國民參政會參政員張君勱，大公報總經理胡霖等十名正式代表，其中六人屬國民黨員，此外，共產黨及其他反對黨各一人，無黨派三人，包裝民主，糊弄羅斯福。

　　胡適曾說宋子文自私愚蠢，仗著姐夫蔣介石的權勢，一心撈錢，哪有心思顧及世界前途和國家事務。1985年美國作家斯特林‧西格雷夫（Sterling Seagrave）出版《宋家王朝》（The Soong Dynasty），指出宋子文將美國援助物資，據為己有，聚斂個人財產達數億美元。

　　聯合國工作交由顧維鈞主持，但中華民國是國際小媳婦，在英、俄兩個惡婆婆和美國善婆婆的淫威之下，哪有置喙聯合國組織事務的餘地。

　　列席中國代表團的中國共產黨為董必武，參加過共產黨的長征，被為中共五老之一，是一介武夫，只懂革命，哪懂外交。中共建國後外交官在陳毅任外交部長，重用舊部為大使，因此中共駐外大使很多是由退休軍人擔任，他們視外交如戰場，尤其與蘇修和美帝惡鬥時期，只有他們最堅持原則。

中國代表團的中文譯手都是新手，匆促上陣，由吳經熊、江易生、吳強華和孫碧奇挑大樑，最後定稿是徐謨和王寵惠。他們對聯合國的名稱和組織機構，都譯得一塌糊塗，可見中國當時對國際事務的欠缺理解。首先，聯合國不是國；把它稱為聯合國，令人誤以為是國家。日文譯為國際連合，就比中文譯得好，若譯為國家聯合則更完美了。

　　聯合國成立之前，西歐知識界一片左傾。聯合國首任秘書長瑞典人賴伊不只是左派，而且是史達林主義者。以後歷任秘書長即使出身西歐國家，也都反美或反西方價值觀，不如此，首先就不會被選中，以後若改弦更張，也會事事掣肘。

　　聯合國對蘇聯戰後佔領的領土持不聞不問態度；但對資本主義國家原有的殖民地則要求放手，讓他們獨立。

　　6月25日，與會代表一致通過了《聯合國憲章》，並於26日舉行簽字儀式。因為中國代表團在發起國中按英文字母順序列於首位，按照大會所商定的程序，中國代表團第一個在《聯合國憲章》上簽字。中國政府首席代表宋子文提前回國，胡適在哈佛大學講學，他二人均未參加簽字儀式，實際到場簽字的中國代表僅為8人。代理首席代表顧維鈞第一個簽名，其中吳貽芳成為在《聯合國憲章》上簽字的第一位女性。簽字儀式在肅穆的氣氛中進行，董必武以中國代表之五的身份，莊嚴地代表中國共產黨領導的中國解放區人民、也是代表全體中國人民，用毛筆在《聯合國憲章》上簽上了「董必武」楷體字，別具一格，至今這一珍貴歷史記錄還保存在紐約聯合國總部三樓

的一個別致的玻璃櫃中。至此,聯合國成立大會正式結束。

《憲章》簽字後,有人發現錯誤,由中華民國外交部要求大會修正中文譯本36處,但中華民國駐聯合國代表團認為丟自己的臉,不准更正,也不准發表。

其中《聯合國憲章》第二章第六條涉及侵略的定義,是兩國爭端時最常引用的條文,等於是安全理事會甚至聯合國精髓所在。英文是:

All Members shall refrain in their international relations from the threat or use of force against the territorial integrity or political independence of any state, or in any other manner inconsistent with the Purposes of the United Nations.

中文譯文是:

各會員國在其國際關係上不得使用威脅或武力,或以與聯合國宗旨不符之任何其他方法,侵害任何會員國或國家之領土完整或政治獨立。

該譯文的錯誤是把「威脅」實指武力威脅,不應分開為武力和威脅兩項,而應該劃分「武力威脅」和「使用武力」兩項。更不可饒恕的是將「不得使用武力或威脅以及其他……方法」限於「侵害任何國家之領土完整或政治獨立」。要知道武

力威脅或使用武力的國家,必定會多找藉口,巧加掩飾,絕對不會承認侵害別國領土完整或政治獨立。

我們中文翻譯時常碰到有國家向安全理事會提告,引用這個條文,若照抄憲章欽定本,必然有理說不清,我翻譯引用這一條時,只有權宜從事,擅自改譯為:

各會員國在其國際關係上,不得以武力威迫或使用武力,侵害他國之領土完整或危及其政治獨立,或以任何方式違背聯合國宗旨。

聯合國職員在1980年代以前,或許是海外華人最好的工作,薪水較高是原因之一。海外華僑如果為美國政府做事,在中美對立時代,在語言及人種佔劣勢,升級不易。在美國大學教書或替洋人公司或打工,除非才高一等,有隨時被炒魷魚之虞。

一入聯合國,差不多是鐵飯碗終身,而且不隨政府變動而轉移,國民黨時代進入聯合國者,在聯合國中國代表權更易之後,依然是中華民國籍,安享俸祿。

顧維鈞是聯合國籌建人之一,又曾擔任中國出席聯合國大會代理代表團團長,後任海牙國際法庭法官。他第四任老婆嚴幼韻任職聯合國禮賓司。顧與第二任妻子唐紹儀之女唐寶玥所生的女兒顧菊珍,在英國大學獲得化學學士學位,於1947年進入聯合國擔任與所學專業完全無關的託管及非自治

領土部研究員。

1947年林語堂任聯合國教科文組織美術與文學主任。林語堂二女兒林太乙在哥倫比亞大學校外進修部選課認識了在研究院上學的黎明，兩人於1949年結婚，隨即進入聯合國。1954年8月，就任興建中的南洋大學校長，黎明辭聯合國職，隨林語堂去南洋大學。

巴黎聯合國文教組織有國民黨派任的官員陳源，就是魯迅譏為「正人君子」，大名鼎鼎的陳西瀅。1964年1月7日法國承認中共，陳拒搬離文教組織辦公大樓，最後動用聯合國警衛，強制抬出。國民黨有人說他替中華民國爭氣。他死後，妻子名作家凌叔華，回北京定居，中共為她出文集。

聯合國裡面的老職員，深知聯合國職員高薪厚祿，食髓知味，也恨不得將自己子女與聯合國人結親。

一位從小在加拿大長大的聯合國翻譯同事，任職時還是單身，上班不久就有一位客家老翻譯同事再三向他示好，以家宴隆重招待，介紹他在哥倫比亞大學入學的女兒作陪。家宴畢，由處長出面向他提親，他因已有女友，又嫌客家女體態太過豐滿，婉言拒絕。

國民黨在台灣外交部長沈昌煥的弟弟沈昌瑞是一個落魄的翻譯。

他本來是內定的中文處處長，共產黨一來，改朝換代，立即成了落水狗，但他有長期合同保護，給他任何臉色看，他都忍氣吞聲。而所有翻譯，不論新舊，視他如瘟疫。他躲在辦公

室裡,不大出門。他中英文俱佳,以鉛筆改保釣人的譯稿,改完,親自送上門來,口稱「請教」。父為國民黨大使之子的邵子是共產黨進來聯合國後考入,時常作踐他,邵父與沈應該是朋友。

一直捱到沈退休之前,大陸處長和大批翻譯來後,保釣翻譯員受排擠,這時才有一名極左派與他親近,並照顧他晚年晚年殘障之軀,替他洗澡,果然是「孺子可教」(沈昌瑞語),這位晚輩後來成為台灣史暢銷作家。沈昌瑞退休後擔任台北駐美代表處顧問。原配是鼎鼎有名的橋牌皇后楊小燕,曾與鄧小平打過四次橋牌。楊與沈離婚後,嫁給沈好友船王魏重慶,魏死,三嫁美國特工,著有英文自傳 *Second Daughter*,署名 Katherine Wei。

我剛進入聯合國時中文處繕寫室,還有一位老人是杜月笙的小兒子,身體不太好。聽他自己說,是杜月笙老年所生,先天不良。他先用筆抄寫,後改粗重機器打字,在輕巧容易操作的電腦普及以前已經退隱江湖。

情欲

　　頂級外交家能夠設計世界藍圖，疏導世界走向，促進世界和平，重要性不亞於強國元首，如美國1946年從莫斯科發「長電報」駐蘇聯副館長喬治‧凱南（George F. Kennan），主張圍堵蘇聯直到它垮台，他的重要性遠遠高於總統杜魯門。

　　次等外交家則能捍衛本國權益，預見未來世界走勢，防範凶險於未然。

　　中國外交官，不管是國民黨還是共產黨，都屬於三流以下。

　　本來中國官場，外交官比國內官僚好當，國內儘管一黨專政，依然派系林立，政潮凶險，一不小心，站錯隊伍，立即墜入深淵，再無出頭之日。外交官雖然需要縱橫捭闔，排難解紛，運籌帷幄，決勝千里，但中國一直是弱國，辦壞外交，可以怪罪外來壓力，若能頂住外國壓力，討些小便宜，就能彪炳千秋。外交家中又以任職聯合國者最為清閒，從聯合國成立以來，就沒辦過什麼驚天動地的大事，而且中華民國名義上是五強，只要緊跟美國，諒也出不了大事。只有開始為阻止蒙古獨立，最後幾年為保衛聯合國會籍，中國的聯合國代表儘管盡了九牛二虎之力，卻功敗垂成。

　　中國人迄今為止公認最傑出的外交家，非顧維鈞莫屬。

　　綜顧維鈞一生，從1951年參加敦巴頓橡園會議起到1964年

任國際法庭副院長止,任職聯合國及其有關機構共13年,是他一生最清閒時段。飽暖思淫欲,成了多情種子。他是徹頭徹尾西化派,按照西洋倫理,既不能娶妾,也不敢嫖妓或參加性派對,唯一發洩之道就是不斷換妻。婚姻豈為他設哉,他結婚以後再離婚,離婚以後再結婚,輪番更換妻子,直到年老力衰,無力再娶為止。

顧維鈞是民初三大美男之一,其他二人是汪精衛和梅蘭芳。三人之中,只有他是受過完整西洋教育的人,深諳洋人「淑女優先」禮儀,穿上西服風度翩翩,高富帥白富美,一應俱全。人見人愛,只要他看上的,沒有娶不到的。所以他有四度婚姻,個個有財有貌。

他第一任妻子是張潤娥,那年16歲,尚未大富大貴,奉的是父母之命媒妁之言。首先是當地中醫師張衡山有財有勢,見他眉宇不凡,主動提親,一拍即合,婚後出錢送他入聖約翰大學,然後變賣祖產,再送他出國,先入美國紐約州庫克學院,一年後考入哥倫比亞大學,修國際法及外交。在哥大時,他勤練演講,曾獲獎多次。1912年,顧維鈞在取得博士學位之前,已為國務總理唐紹儀聘為秘書,隨後他認識唐紹儀女兒唐寶玥,拼命追求。追上手後,以沒有感情為理由將黃臉婆棄之如敝屣,張潤娥聽命簽字離婚,然後落髮出家,從此長伴青燈古佛,伴其餘生。他的岳父張衡山見此下場,長嘆一聲:「我只會看相,卻不會看心!」不久,也抑鬱而終。

顧維鈞的第二任妻子唐寶玥,是袁世凱大總統的總理唐紹

儀的女兒。兩人大張旗鼓舉辦婚禮，婚後，顧維鈞在岳父唐紹儀的支持下，仕途一帆風順，出席巴黎和會，力爭歸還山東半島權利，功敗垂成，引發五四運動，搏得暴名。唐寶玥佳人薄命，生男顧德昌，生女顧菊珍，隨後染病不治，29歲撒手人寰。

　　他第三任妻子是民國交際名媛黃蕙蘭。她是不折不扣的白富美，從小家世不凡，自己也精通法、英、荷等六種語言。顧維鈞對她一見鍾情，順手擒來，全不費工夫。婚後，黃蕙蘭動用娘家財力，使顧維鈞外交事業更上一層樓。儘管一雙璧人，也只能維持39年，顧維鈞移情別戀，以離異告終。黃蕙蘭被棄後沒有再嫁，晚年與狗為伴，萬貫家財終於散盡，不能忘懷與顧維鈞的絢爛的外交生涯，寫就英文自傳《沒有不散的宴席》（*No Feast Lasts Forever*），正名自己才是正牌顧夫人（Madame Wellington Koo）。書中透露顧維鈞曾與其兩個部屬的妻子有染，其中一個即嚴幼韻。

　　顧維鈞的最後一任妻子就是嚴幼韻，也是名門閨秀，但是命途多舛，她的第一任丈夫楊光泩，也是外交官，任菲律賓總領事，於1942年日軍攻佔馬尼拉後被日人殺害，她獨自撫養三個子女長大成人。與顧維鈞黃昏戀時已經54歲，而顧維鈞則70有餘。嚴幼韻照顧顧維鈞無微不至，白首偕老，顧維鈞身體始終頑健，1985年11月14日壽終正寢，享壽98；嚴幼韻則活到112歲。

　　1972年，中共進入聯合國次年。中華人民共和國代表團由喬冠華率軍，出席第27屆聯大。臨行前，毛澤東交代他的女朋

友之一,也是「奉旨成親」的喬冠華新新妻章含之,勸請顧維鈞回國。章的職位是翻譯,先拉攏時顧任聯合國禮賓官的顧維鈞女兒顧菊珍。她接待各國代表,包括喬冠華夫婦在內。章之養父親章士釗與顧維同為北洋軍閥舊官僚,她乃以晚輩名義前往顧維鈞曼哈頓中城高級公寓問候。顧維鈞時年84歲,聽罷毛澤東特邀其歸國之意,顧雖屢屢背叛妻子,卻對窮途末路的蔣介石忠不離不棄,赧然問:「我是毛澤東點名的戰犯,回去批判我嗎?」章忙回答:「那是非常時期。」顧維鈞笑道:「貴黨何時不是非常時期?」

中華民國外交另一個失敗的例子是「聯合國的外蒙控訴案」,主其事者為蔣廷黻。蔣是湖南邵陽人,1895年生,16歲去美國,終在紐約哥倫比亞大學獲得博士學位,回國任清華大學歷史系主任。教出名學者如美國哈佛大學教授費正清等人。1935年為蔣介石重用出使蘇聯。留美時,說服父親解除五歲時與賀小姐訂的婚約。1921年,蔣廷黻在哥大時熱衷政治,在九國會議在華盛頓召開時組織「華盛頓會議後援會」,聲援中國代表團,結識上海出身的唐玉瑞。

蔣、唐兩人情不自禁,才學相當,形影不離。歸國船上請船長證婚,舉行婚禮,生二女二子:長女智仁、次女壽仁、長子懷仁和幼子居仁。

蔣廷黻喜歡橋牌。抗戰後期,蔣在重慶橋牌桌上經李卓敏介紹,認識沈維泰之妻沈恩欽。劉紹唐有文曰:「蔣廷黻公餘嗜橋牌,在重慶常邀三朋四友在家中玩橋牌,蔣的牌藝甚精,

為個中高手。難得有棋逢對手之人。第二個女人,就因為玩橋牌關係撞進了蔣家、更撞進了蔣廷黻的後半生。這個女人是清華後輩沈維泰的太太,名叫沈恩欽。恩欽年輕、美風姿。同桌玩牌、同席飲宴,眉來眼去,日久生情,但究屬他人之妻,奈何奈何!此時與唐感情自然發生變化,據蔣家好友浦薛鳳說,唐玉瑞常常背後傷心落淚。」

1945年,蔣廷黻出任聯合國善後救濟總署中國代表及中國政府善後救濟總署署長。唐玉瑞正好帶著患哮喘病的幼子赴美國治病,蔣廷黻無所顧忌地將沈氏夫婦雙雙調入總署。蒙在鼓裡的沈維泰也感恩不盡。蔣又以培養重用沈維泰為名,將他派到國外任職,給他加官提薪,讓他脫不得身,留沈恩欽在自己身旁,朝夕相處。

1947年6月初,中國首任常駐聯合國代表郭泰祺在任內突染重疾,不能執行職務,蔣廷黻暫代出席聯合國安全理事會代表,從此延續長達15年。蔣廷黻令沈恩欽以隨員名義同赴紐約,出雙入對,儼然夫妻。

蔣廷黻英語流利,帶濃重湖南腔,每次演說,摒棄中文不用,以英語發言。長篇大論,隨興發揮,遇朝鮮問題時引薛仁貴征東為證。他貌不出眾,加上色盲,西裝領帶,常常錯配,形同小丑。他之喜說英語省卻中文翻譯麻煩,久而久之,人浮於事,更導致中文科人數減縮。

蔣廷黻與部屬沈維泰與其妻子沈恩欽到蔣廷黻家打橋牌,蔣廷黻於1945年3月12日對沈恩欽一見鍾情,第二次4月7日見

面,眉來眼去,進一步私通。看見別人老婆漂亮,人之常情。由此起心動念,非弄到自己手裡不可,則非我輩古板人所能為。蔣廷黻是屢犯,在沈恩欽之前,他也心慕凱薩琳和許亞芬,都是朋友妻,只差沒有勾搭到手而已。

蔣廷黻與沈恩欽的私情傳入蔣妻唐玉瑞耳中,她大怒,不依不饒,堅持抗爭到底。蔣廷黻侄子蔣濟南於1950年1月16日,在《人民日報》發表的《致蔣廷黻的公開信》說:「李卓敏想拿實權……將沈的妻子介紹與你打牌,跳舞,進一步便同居……沈維泰則被你調『升』到美國去!李卓敏得了實權,便與端木愷、趙敏恆等合夥,強迫你的妻子唐玉瑞與你離婚……到了美國,你又利用你的美國汽車夫來欺壓唐玉瑞,以後到巴黎開會,或紐美開會,你便與沈小姐雙雙出現在外交場合之下!」《外交祕聞:1960年代台北華府外交祕辛》一書也提到:「1948年蔣廷黻委託律師,為他在墨西哥法庭單獨辦妥與元配唐玉瑞離婚手續,沈女士也早與其夫離婚。因之,蔣、沈於1948年7月21日結婚。其夫人唐玉瑞不同意這種離婚手續,乃向紐約法院提起訴訟,法院因其夫蔣廷黻在美具有外交豁免權身份,不予受理。《紐約每日新聞》(New York Daily News)評論此事,說實非大丈夫所應為(not manly)。

唐玉瑞還向胡適、顧維鈞、葉公超、宋美齡等文化政治名人寫信控訴,又請求聯合國人權委員會協助解決她的婚姻糾紛。」唐玉瑞請聯合國秘書長賴伊陳情,賴伊拒絕;也美國總統羅斯福夫人幫她「主持公道」,羅斯福夫人礙於蔣代表面

子，擔心中美關係生變，也予以婉拒。《紐約時報》登蔣廷黻和沈恩欽夫婦照片，唐玉瑞去信《紐約時報》要求更正她才是正牌的蔣廷黻妻子。

唐玉瑞見一切都無法奏效，無計可施，經常到聯合國大廈對面的聯合國廣場舉牌示威，訴說蔣廷黻種種不是，鬧得滿城風雨，成了聯合國內部和外交圈的醜聞，國際笑柄。

不論蔣廷黻在哪裡開會、在哪裡演講、在哪裡參加酒會餐會，她總不請自到，坐在第一排，或者設法與蔣接近。蔣廷黻出席，派人先清場，清不動就好言安撫。唐的公開鬧場，往往使蔣的公眾活動鬧劇收場。

蔣廷黻在聯合國戮力保衛中華民國代表權，他知道中共終有一天會進入聯合國，盡力苦撐；到了1970年代，他死後終為中共取代。

蔣廷黻1965年10月9日在美國逝世，10月12日在紐約大教堂舉行追思禮拜，元配唐玉瑞由兩個女兒蔣智仁、蔣壽仁攙扶，繼配沈恩欽由蔣、唐所生幼子蔣居仁攙扶，分坐靈位左右。遺產按遺囑，兩個夫人平分。

聯合國口譯最為清閒，最多時間胡思亂想和拈花惹草。中文口譯可分為四代。第一代是1949年聯合國創立前後入職的如范家楨。第二代主要是1950年之後進國民黨新進者如小熊。第三代是1970年代後進者，主要是參加過保釣運動的台、港留美學生，平時熱衷反台獨，統一中國的政治運動。第四代是大陸考入預訓班訓練後分派者，清一色是大陸籍。

聯合國總部18樓有口譯組的一大間休息室，叫口譯休息室（interpreters' lounge）。他們沒有個人辦公室，工作在口譯箱中，不工作時來休息室等候召喚，隨傳隨到，無事時，可在沙發上或躺或臥，看報，下國際象棋來打發時間。

小熊軍閥熊式輝後人，熊父有四房妻小，不知小熊是哪房所生。不過當年的軍閥與今日兩岸大官一樣，從小將子女送到美國留學。小熊從小說英語，以後才學中文。他靠國民黨舊關係進入聯合國當口譯不久，中共就進入聯合國，他勤學中文四字成語，為附庸風雅的中國官員所愛，安理會上常指名他，非他上場不可。因政治成分不良，始終無法升處長。他第一任妻子為白人；第二任為香港左派富商之女留歐者，也是聯合國口譯。他還時有與同事妻子勾搭的傳聞。

聯合國出差提供商務艙，小國如牙買加的飛機往往自動升級頭等艙。我與小熊幾次同機，見他衣著新潮，風流倜儻，上機時帶籃球拍，一副大少度假樣子；上機後，先威士忌，再敲二郎腿讀《紐約時報》，我見猶憐，不知迷死多少空中小姐。他退休後，孤獨一人，因子女為幾任妻子帶走。與一京劇演員結婚，不到三個月，下堂求去，原因是聯合國職員死後，妻子可領該職員退休金之半至死；但是退休後結婚者不享有此種福利，以防老職員以半額退休金，誘娶年輕女子，加重聯合國負擔。該退休金半數自動歸在職時最後一任妻子，即使他們後來離婚。

我處資深翻譯葉某退休後，喪妻再娶大陸女子，共同生活

幾年去世。寡妻對他懷念不已，說他是大好人，使她過了幾年幸福生活。

我處老筆譯陳某，越南華僑出身，從小浸淫越、法、中文，赴美後學英文。聯合國有語文補習班，清晨、中午及下班後可免費補習聯合國五種官方語文──中、英、法、西班牙、俄──以後還追加阿拉伯。他有多語背景，一通而百通，在任職三十餘年間將六種語文都學通了，算是稀有人才。他翻譯不講修辭，譯成粗糙中文。但他身強體壯，精力充沛，辦事幹練，長期擔任分稿。因此，與全體同事都打交道，稿件有難有易，厚愛者常給甜頭吃，女同事為討好他，陪他吃飯者所在多有，遂得上下其手。中午出入都有女同事相陪，引人矚目。常在他身旁者，為一蕩女，台灣人，中文處長秘書，乃東海大學出身。她丈夫為失意商人。夫妻在外玩樂，互不干涉。數年後，她與聲名狼藉的趙姓調情聖手歡好。她工作之一是每兩星期到各翻譯辦公室分發薪水支票一次，見張北海不在乎金錢，乃將張薪水支票存入己處。張妻久後發覺薪水短少，透過銀行追查支票走向。

蕩女央舊好出面寫英文辯護狀，稱是誤入己賬。趙姓調情聖手妻子自稱是台大台靜農高足，任打字員，兩人雖然同車往返，中午吃飯則各吃各的，丈夫常常請有姿色的女打字員吃飯，太太不但賢惠，而且持家，自帶便當。丈夫不避人耳目，還以此自豪。退休後，有大陸籍打字員丈夫向大陸籍處長告發趙姓誘奸其妻。

有花癡名羅珊娜者，原在聯合國小賣部賣花，有幾分姿色，被某華裔高官看上，提拔為事務員。因英文能力有限，安排來中文處為秘書。是時，處長為北京來人，文革剛過，中文處女職員多數樸實無華，幾曾見過這種花枝招展的台灣女性。有一次，她自處長辦公室尖叫而出。其後她雖工作懶散，地位穩固。

　　不久，發生搶奪人家丈夫事件。事後，花痴得意地告訴我事情經過，原來是中文處一位台北藝專出身的筆譯與她私通，一天他們在咖啡廳喝茶，好事者通風報信，翻譯妻子自外趕來，當場捕獲。丈夫願隨妻子回家，花癡猶不肯放手，二女大打出手。此時恰好泰國聯合國亞太經社會中文譯員出缺，妻子逼他申請調差，以免藕斷絲連。他去曼谷後，與李登輝在台大同期的聯合國亞洲總部第二把手交好；為使他忘卻不快過去，特別批准他參加納米比亞建國選舉，豈知他到鄉下監督選舉途中，因路況不佳，車禍逝世。

　　聯合國有一不成文規定，職員因公去世，撫卹從優，並安排其配偶到聯合國工作。他妻子不但瞬間變成富婆，而且還從家庭主婦變成通勤上班的聯合國正式職員。因為她年輕貌美，牽線搭橋者眾，很快找到紐約泰籍華裔富商梅開二度。

　　再說那位花癡，與翻譯交好之前，已和台灣黑社會人士結婚，江南美國被殺，她在美國FBI發佈之前已告訴我，此案是國民黨主使的。婚後，因她不安於室，時常挨打，經長時間，才打贏離婚官司。但她不能一夜無男。不久，就有一位吃軟飯

男人，成入幕之賓。我問她如何認識那個「軟飯男」，因我曾在小說家李藍家見過他。李藍曾問我願不願意與她一起學《易經》。我誤以為是講哲學，到她那裡才知是算命。來者自稱大學理工教授兼詩人。長得白白胖胖，斯斯文文，言語間很會奉承李藍，談了半天，我見話不投機，先行離開。事後我才想通他要留下過夜。後來我又聽說，李藍將他逐出家門。

花癡還告訴我，有一天紐澤西文人雅集，主持者要她來時順便接易經專家兼詩人同來。他上她車後，立即要看她手相，看後說，她命定要跟他一起。次日，他就搬去與她同居。同居不久，她發現他既無工作，又無收入，費了幾年功夫，他才答應離開她家。後來，她再嫁聯合國花店老闆，一年後離婚。

我在泰國曼谷聯合國亞太經社會任職期間，見一台籍聯合國駐曼谷高官，為人仗義疏財，喜周濟他人，有一大陸來的女口譯，合同期滿不願回國，高官透過關係，讓她回國後，再以新約請她回任，同時與自己的菲律賓妻子離婚，再娶她為妻子。我退休前，看見他陪妻子到紐約出差，紅顏白髮，分外燦爛。

我在肯亞首都奈洛比的環境規劃署工作兩年。那裡四季如春。午茶時間，綠油油草坪上，常出現一個白髮蒼蒼的清癯黃種人帶領一批除草掃地的黑人兄弟，在赤道烈日下摩拳擦掌，很有規律地在打太極拳。老者綽號「惠老」。原來是紐約總部翻譯，60歲退休後，透過奈洛比環境規劃署人事處私人特殊關係，一年約有好幾個月來奈洛比當臨時工。

我初見他時，他已快七十。他待人以誠，故無年齡隔閡，

他把我當作知交看待。

他喜歡與我談他的女人經驗，使我大開眼界。

我問他幾時開始他的性冒險。他答說，他原來與常人無異，甚至身體比我還差，蓋因長期伏案所致。他四十歲，受到太極拳大師鄭曼青感召，開始學拳。鄭曼青告訴他說，有一次他見有野狗從後來追來，佯裝不知，繼續前行。野狗咬他後腿，隨即汪汪大叫，夾尾而逃。因為狗覺察所咬非人腿，乃是堅硬的鋼塊。

他學會太極拳後，無日不練，輔以經常運動，游泳、跳舞、走路、跑步，能動就動，無所不為，體質開始轉化，身強力壯之後，肉體欲望，蠢蠢欲動，成了他難填的欲壑。

在他精通太極拳後不久，他長期出差到南美某國，與一南美人翻譯朝夕與共，成了好友。該南美國貧困，街頭到處流浪兒童，南美人好幼童，上班回來，常帶街童回房，完事後送錢了事。惠老也以為他的做法太過膽大妄為，因兩廂情願，也始終沒有出事，南美人安然退休。

惠老在奈洛比有一烏干達女友，年紀不到二十。他按月付她生活費，並繳裁縫學費，以供她離開他後，能有謀生的一技之長。惠老身材矮小，她卻高頭大馬。後來我看到惠老夫人的照片，發現夫人也高出他一個頭，可見他有潛在被虐欲。如同谷崎潤一郎在《老人瘋癲日記》所記，希望死後以他心儀的媳婦的腳印，做成佛足石，天長地久將他壓在地下。

惠老的烏干達女友，一星期只到他公寓五天，因週末他外

出遊樂，常認識其他女性。

他告訴我最得意一件事是，他在聯合國宴會上認識一英國駐某阿拉伯國家的大使，邀他去玩。他回美路過，住入他家。吃晚飯時，見伺候飲食的阿拉伯妙齡女傭清新可喜。飯後，大使夫婦說有急事外出，少頃即回。他見大使夫婦開車出門，立刻向女傭求歡，女傭開始扭扭捏捏，兩人語言不通，通過比手畫腳，她終於半推半就，在客廳沙發上行其好事。

老人幫

中共1971年進入聯合國。當時,紐約總部祕書處有108個中國人,其中翻譯57名,一般業務（general service）51名,包括抄寫員（後更名打字員）。

祕書處任職華人從年年聯大投票趨勢早知道中共進來是遲早的事。中共入聯前夜,聯合國大門外,保釣分子大示威。中文處有一位謝姓人士,從聯合國大樓的視窗下望,指著在對街示威洶湧人群,信誓旦旦身旁地向旁的同事說,「只要共產黨一進來,我立刻就走。」後來共產黨來了,他不但沒走,還一直做到退休,領足了退休金。

聯合國內盛傳共產黨取得聯合國代表權後,倏然得知中文科翻譯全是國民黨人,喬冠華便出面要求聯合國將他們全數免職。聯合國秘書長緬甸人宇譚（U Thant）答覆,聯合國有終身職和退休制度,若無重大過失,不得中途免職,退休後可領退休金至去世。若中國政府願意支付各翻譯未完任期及其退休金,聯合國可以考慮要求他們自動辭職。喬冠華聽了啞口無言,當時中國還很窮,付不出這筆巨款,請准周恩來後,才向華僑職員改口宣示:把你們「全部包下來」。我查聯合國文件無此記錄,可能是誤傳,也可能是非正式談判不存記錄。

據吳妙發《喬冠華在聯合國的日子》載喬冠華到聯合國

沒有幾天，就在聯合國電影院召集聯合國舊有職員談話，他先自問自答：「過去不是說共產黨長得青面獠牙嗎？那麼大家看看我是不是青面獠牙？」接著說：「中國代表團來之後，大家根本不用擔心丟掉飯碗。我鄭重宣佈，所有中國籍職員我們都要有，我們全部包下來，一個也不少。維持原來的職位，希望你們堅守崗位，做好本職工作，為祖國爭光。」據在場的老人回憶，他又說，國民黨宣傳說共產黨洗腦，洗腦有什麼不對，洗腦就如洗臉一樣，臉髒了就要洗，腦裝了髒東西，自然也要洗。他自己就常常自己洗腦。證之他當時正背叛提拔他的周恩來投靠四人幫，他說的應該是實話。

聯合國祕書處會議事務部的筆譯和口譯單位為應付中國閱讀或聽取中文的需要，擴充作業項目，有必要增加工作人員，可是那時，中國大陸的文革還未收場，在國務院和大學中從事語文工作的知識分子，不是被下放勞改，就是在本單位受批鬥。人才的培養中斷，弄得青黃不接。在海外釣運中嚮往祖國的左翼統派，來自臺灣的留學生不少人已被國民黨的海工會列入黑名單，這些人和來自香港的「自來紅」，因緣際會，正好填補了大陸的人才空缺。他（她）們通過聯合國祕書處的考試，順理成章地進入聯合國服務。

我進去以前已退休中文處處長車祖蔭回憶，中文處在中共進聯合國後，兩度擴招翻譯，每次二十餘人，差不多都是「保釣」左派。

我1975年進聯合國時，當權者還是國民黨時代的舊人。

中文處內原有兩個左派,一個是瑞典華僑,原來學醫,中文程度較差,在國民黨時代一直吃癟。共產黨來立即翻身,很快升至翻譯的最高級別。他省吃儉用,在唐人街附近買了一座沒人要的車衣廠房。多少年後,那一帶改為住宅,成了黃金地段的「翠貝卡」(Tribeca)。他成了「六百萬富豪」(Six Million Dollar Man)——美國當時有電視影集主角為六百萬美元打造的半機器人,自己仍住在唐人街市營便宜公寓。他後來發覺有一輩子也花不完的錢後,開始稍微花錢,譬如到非洲出差,自己補錢,把聯合國提供的商務艙改為頭等艙等。退休後,極左派找他吃飯,他必搶先付賬。他沒有子女,有錢後立即冒出許多親戚。我最後一次看到他是我帶了大陸「環辦」(環境辦公室)翻譯到紐約唐人街吃晚飯,飯後與該大陸翻譯談起他,因他們在非洲見過幾面,也算認識。我們順路進入那座六百萬大樓,看到他正好守自己的金店,上前打招呼,他立即拿出一串價值不菲的金鍊送給翻譯,見我在旁,也拿出另一串給我,我婉言拒收。

另一個潛在左派,我初到中文處時,他是處長。他在國民黨時代,不動聲色,共產黨來後才露出左派真面目。不過,保釣分子自命揹著北京尚方寶劍,不把他放在眼裡,經常找他麻煩。他第一次到中國時特製了一套西裝毛裝併用裝,進入中國前翻領是時髦西裝;進入中國豎領後又變成體面毛裝。

處長是主任(Director)級,翻譯是專員(Professional),我稱之為品,品愈高,地位愈高。我應聘時是二品。當時中文

處有兩位五品官。

一位姓葉，舊北大英文系1938年畢業，任助教，風頭甚健，有舊學根底，留有條幅給名女學生容琬曰：「水天空闊，恨東風、不借世間英物。蜀鳥吳花，殘照裡、忍見荒城頹壁。銅雀春情，金人秋淚，此恨憑誰雪！堂堂劍氣，鬥牛空認奇傑。文文山大江東去上半闋。」這是宋朝鄧剡的《酹江月‧驛中言別》，他誤為文天祥。文天祥的《酹江月‧和友驛中言別》是：「乾坤能大，算蛟龍、元不是池中物。風雨牢愁無著處，那更寒蛩四壁。橫槊題詩，登樓作賦，萬事空中雪。江流如此，方來還有英傑。堪笑一葉漂零，重來淮水，正涼風新髮。鏡里朱顏都變盡，只有丹心難滅。去去龍沙，江山回首，一線青如髮。故人應念，杜鵑枝上殘月。」而「大江東去」又是蘇軾的《念奴嬌》名句，如此顛三倒四，自然難討佳人歡心。以後他赴美留學，1947年春，聯合國中文翻譯處公開招考中文翻譯，請林語堂命題，錄取四人。葉某為其中之一。他的弟弟葉雲帆回憶說：

「他是祕書處資格很老的中文翻譯，後任祕書處中文部副部長。

「1972年美國總統尼克松訪華，長期凍結的中美關係開始鬆動。近40年沒有回鄉的他提出回家探望老母的要求。（中共外交部）派人來溫州瞭解情況，發現葉家人都已被趕出家門了。有關部門提出，不要來溫州，把葉母送到上海，母子在上海相會。葉斷然拒絕：不行！老母已雙目失明，我是來探望她

的，怎麼反而讓她去上海，情理上也說不過去。

「1973年，外交部最後特許他回溫探親，並批示省市有關部門做好接待工作。市政府召開緊急會議，決定讓葉家連夜搬回舊宅。不料已住進蔡宅巷的有幾戶人家不肯搬出來，而且表示就是換個更大的房子也不幹。沒辦法，老房子只搬回了一半。時間來不及了，葉家人穿著借來的衣服去麻行碼頭迎接親人。在碼頭的浮橋上，40年不曾謀面的兄弟倆雙手緊緊握在了一起，他們同時說出的一句話是：少小離家老大回。葉被直接從碼頭接到了華僑飯店，大家給他的理由都是：一路上太勞累了，先到飯店休息一下。明天再回家。老母親也被送到華僑飯店和他先見了一面。而葉家，此時仍在加緊搬家，甚至把別人的傢俱借過來佈置房間，終於連夜弄出了一個像樣的家。他們被告誡：不該說的話不要說！當初意氣風發的少年終於跨過了40年的光陰，跨進了魂牽夢縈的家門。雖然這已不是當初他離開時的那個家，雖然老父已在年前去世，父子天人相隔──但，母親還在的地方，就是遊子永遠的家。謹慎的葉話不多，出言也極有分寸。但他的到來，讓葉家結束了長年的噩夢。葉雲帆被准予摘帽。」

另外一位還當過蔣介石特務頭子戴笠的英文秘書，姓李，舊清華畢業。原來擬與戴笠同機，因事沒去，戴墜機而亡，他大難不死。聯合國退休時，有詩「留別同仁」：

憔苦飄然萬里行

氣吞湖海覓新生
揮殘難矩求升斗
看厭蛾眉競送迎
老玄最憂詩思斷
閒來常怯客愁縈
從今纏被歸林壑
夢數楓亭夜雨聲
嘗聞模仿汨天真
西調中彈費苦辛
譯有別才非學問
文無累句自清新
千言立就輸君捷
一字相師惠我頻
半世推敲頭共白
何如投筆作閒人

　　開始兩句可能暗指沒有隨戴笠偕亡，死裡逃生。中間的「看厭蛾眉競送迎」，則是罵顛著屁股去討好共產黨的老同事和保釣新貴。既然「留別」，總得留給「同仁」好印象，他卻用尖酸刻薄的言語去刺激他們。

　　另一位姓陳，是臺灣師大梁實秋的得意門生，當過梁的助教，也助梁編過《遠東英漢大辭典》；於1969年考入聯合國，先當小媳婦。不久國民黨失去江山，保釣分子入聯，把他當反動派

一伙。臨退休前,他突然大紅大紫,緣因北京直派處長,連英文便條都寫不通,文件管理流程也不熟悉,他雖無長才,但英文精通,辦理英文業務得心應手。向權勢靠攏後,日日看《人民日報》,學習北京的用字遣辭,後來棄正業翻譯於不顧,專職英文秘書,成處長股肱,掌握評級升等大權,群小奔競,戶為之穿。

國民黨舊人中有三名新人,是變天前一年考入的。其中一名為台灣《徵信新聞報》(《中國時報》前身)駐美特派員,其人膽小怕事。改朝換代後突變極左;老人視他投靠新政權,新人視他為舊官僚。兩邊的人都欺負他。不過,他是新聞記者出身,下筆成文。左報如《僑報》或左刊《群報》、《海內外》,填不滿篇幅還得找他;長文短篇,一揮而就。

其他兩人是掩藏的左派。他們原在哥倫比亞大學讀書,眼看國民黨在聯合國地位遲早不保,先行潛入,與即將進來共產黨裡應外合。這兩人之一是李我焱表弟,另一是李敖的歷史系同窗好友。

第二部分
保釣篇

李我焱

　　新北市新店區復興路131號的國際人權博物館立有一座「景美紀念碑」，上面刻有人權烈士：「李我焱（1932-2008），福建福清人」。紀錄是：「依（49）獅平字第038號判決書，案發時為陸軍官校第四期預訓班學員，其與馮高鳴、劉乃誠、謝劍、陳一鶚、楊孔蘭於1954年在臺大操場樹下密謀決定組織『群』之叛亂團體，並經常集會討論叛亂事宜。1956年1月13日被羈押。1960年經陸軍總司令部以《懲治叛亂條例》第2條第3項『共同預備以非法之方法顛覆政府』判處有期徒刑5年。1961年1月12日執行期滿。」

　　文中提及的五人當中有兩人是我朋友，謝劍是我中央研究院史語所同事，同情我在所內遭遇，還請我到他太太在西門町的家，似乎要把他太太妹妹介紹給我。

　　李我焱則是我在非洲肯亞奈洛比聯合國環境規劃署的同事，位高權重，對我特別照顧。在兩年任滿打算離開非洲之前，他挽留我跟隨他在非洲一起升官發財，我謝絕了他的好意。

　　李我焱確實是共黨分子，國民黨沒有冤枉他。四人幫在中國最猖狂的時候，我們還在非洲，他有一次他提起他早年在上海的讀書會是姚文元領導。網上現在還可以找到一篇蔣友宜所寫的〈車上奇遇──記保釣三巨頭之一的老同學李我焱〉文章

（網站：https://bbs.wenxuecity.com/memory/326765.html）。

全文如下：

人世間，偶然性的事情是經常發生的。

1988年7月29日晚，我去蘭州參加一次學術會議，乘272次直達快車由吉林去北京，就遇到了這樣一件老同學邂逅的巧事。

那天，我買的車票是軟包2號車廂5號下鋪。我上車後，剛放下提箱，脫下外衣，打開風扇，等待開車。不一會兒，列車員引進了一個中年男子和他的稍為年輕些的妻子，還有一個十五、六歲模樣、滿臉稚氣的女兒。

那個中年男子戴一副黑色寬邊眼鏡，有些禿頂，嘴上留有一溜鬍子，頗有學者風度。他們帶著兩個很大的旅行包。

「你們是來吉林旅遊的吧？」中年男子說：「我們到北戴河度假。天熱，想到涼快的北方走走，去了哈爾濱，又來了吉林，游了松花湖，可惜未能上長白山。因護照規定時間已到，要回去啦！」「在北京工作嗎？」「聯合國。」他平靜地答道。

我有一個高中的老同學，在聯合國工作，和此人長相極像，因此不禁脫口而出：「你是李我焱嗎？」「對呀！你怎麼知道的？」他們一家三口瞪大了眼睛，不勝驚訝的樣子。

「我是蔣光宜呀！還記得中大附中高秋二甲的同班同學嗎？我們分別整整40年啦！」「怎麼不記得呢，啊，蔣光宜！真是太巧啦！我還以為什麼部門盯上我了呢？」我們談附中，談數學老師邰明秋，音樂老師楊雪，歷史老師林興尚，還談班

上同學陳自明、周以駿、馬光輝、余慶貽……。

我簡略地談了參軍及轉業後當記者的經歷，一直談到深夜。在搖晃的車上，我睡了，他卻竟夜失眠。

第二天，他帶著淡淡的苦味，向我傾談了別後的如煙往事：抗戰勝利後，在資源委員會工作的我父親到高雄接管鋁廠，當廠長。1948年末，局勢很亂，家裡要我到台灣去。

在班上，我就參加辦《同路人》刊物，思想比較進步。到台灣後，還給周以駿、余慶貽寫信，探討馬列主義的問題。當時台灣當局已開始檢查信件，我寫的信全部落入台灣當局者手裡。到台灣才一個半月，說我是鬧學潮的，就把我關了起來，一下子關了7個月。同時一起關的有一個中央大學的學生叫張誠學，是張發奎的兒子，他因支持曾山領導的東江縱隊而被捕。

後來因他父親的交涉，只關了3個月就提前釋放了。張誠學對我影響特別大，是他教了我辯證法的原理。因為我僅僅是思想認識，並無行動，關了一段時間就釋放了。在監獄裡我得了一身疥瘡。

1949年9月，我考高雄中學以第一名進校。1950年秋，以第六名考入台灣大學電機系，直到1954年畢業。大一，我安安分分，不敢活動。大二，組織了一個叫「群社」的讀書會，先是3個人，後發展到6個人，外圍發展到200多人。到大四，核心組成員有13人。其中還有師大的，還有女同學。我們還到擴充兵員中撒過傳單。30%的力量到農村去發動。當時已列入黑名單，有個當特務的同學曾提示我們要小心。

台灣規定大學畢業生要到奉山預備軍官訓練班受軍訓一年。到受訓的第4個月，因撒傳單，我們「群社」的同學被抓了一個。台灣當局很有經驗，很快把他放了。那個同學第一周沒有行動，第二周開始寫信，結果我們13個核心組成員全部被捕。台灣當局把我們單獨關押起來，用強燈光照，24小時疲勞轟炸連續審訊，終於一點一點湊出了一些影子。他們採用各種手段，把我的膀子卸下來，如1個小時內不按上，神經損傷，就終身殘廢了。還用竹筷子夾手，十指連心，疼極了。我還被通電，把兩個電極通在身上，一通電，「突」地一下，人就昏過去了。還用撒慌的辦法，使你神經受不了。我們都是一個人關在一個屋子裡，不能看書報，不能聽廣播，什麼都不能接觸，關久了，人都會發瘋的。

我們落入的是中統，叫司法行政調查局。他們還派人來策反，裝成犯人，同我們混在一起，但他是無憂無慮的，很快就看出是派來的。我們關了一年以後才允許會客和放風。後兩年放風的時間長些。後來又允許看書報。這段時間我讀了不少文史哲方面的書。一關就是5年，1955年關到1961年初，因為查不出什麼組織，就被釋放了。

1961年放出來，找工作非常困難。正好這時台灣的清華大學、交通大學復校。我於1961年9月考入清華大學核物理研究生。當時考交通大學電子研究班也考取了。但我還是讀核物理碩士研究生，讀了兩年，於1963年畢業，留在學校當助教，還兼另一個學校的講師。1964年9月被批准出國進修，到美國哥

倫比亞大學從吳健雄教授、李政道教授進修，到1970年獲核物理博士學位。

這時，1969年到1970年，全美華人中正發起一個保衛釣魚島運動，幾乎波及美國所有的院校。釣魚島是琉球群島附近的一個小島，應屬於中國。美國佔領琉球群島後，把琉球群島和釣魚島都給了日本。釣魚島很小，沒有淡水，也無人居住，但有豐富的石油資源。我們成立保釣委員會，因為釣魚島自古以來就是中國的領土，明代在島上立過碑。日本歷史學家井上靖也認為是中國的。在美國參加保釣運動的約有130多個城市、4萬多人。到華盛頓遊行示威，向日本使館、美國國會和國民黨使館遞交抗議書的就有5千多人。紐約是美國保釣運動的中心，我當時是保釣三巨頭之一。因參加保釣運動，我荒廢了研究工作。但由於我們的抗議活動，喬冠華代表中國提出中日雙方都不採取行動，等下一代再去解決。日本至今不敢碰它。

這時發生了一件決定我命運的事情。周恩來總理於1971年9月約見我們第一批保釣運動領導人，一共5個人。（以後又會見了第二批、第三批。）我們5個人第一次到北京，先是一般工作人員來瞭解情況，以後來科長，又來處長、局長、總理秘書，等了一周也沒接見，但讓我們等著，那兒也不要去。到第7天的半夜1點鐘，突然來了紅旗轎車，把我們接到中南海，由周總理親自接見。總理說本來早就要接見你們的，因為最近忙得不得了，黨內發生了大事情，把一切都打亂了（指林彪出逃事件）。我們本來準備要向總理介紹台灣的形勢，海外留學生

報效祖國的心情，但周總理一口氣談了4個小時，無所不談。當時台灣報紙登出吊銷我們5個人的護照。周總理說，每個人發中華人民共和國的護照。他提出希望我們這些懂外語、懂得同外國人打交道的學者參加聯合國工作。我們一批80多人都是博士學位，有學物理的、化學的、數學的。由於我們相信周總理，全部參加聯合國工作。現在還有70多人堅持著。

有10多人已退出，又搞專業去了。我們從中國回美國是先到巴基斯坦卡拉奇，住了兩周以後認為沒有危險才回去的。（此時李我焱愛人沈靜插話：這時駐加拿大大使黃華的妻子何理良曾找他，讓他不用擔心。沈靜是我的蘇州同鄉。她原是學庭院藝術的，現在在美國教國畫，為此她曾在中央美術學院進修過。）聯合國共有國際公務員4萬人，其中中國人有400人。我一開始在紐約總部。1973年成立聯合國環境總署，有500人，地點在非洲肯尼亞的奈洛比。現在我是聯合國環境科技資料系統的局長級負責人。這個系統有20多人，有全球聯絡網，和159個國家的環保局有聯繫。我到過79個國家，為他們提供最新的環保科技知識與手段。

李我焱還向我介紹了美國的生活、教育、醫療、人權、失業救濟等各種各樣的社會問題。這次在車上共行進21個小時，除了晚上睡一小會兒，加上吃飯以外，我們一直在促膝深談，一直談到北京，彷彿還是沒有談夠、談暢。

我現在還能清晰地記起40年前在中大附中時李我焱大聲唱歌、大聲發言的情景。如今，我在遠離母校的松花江畔筆耕，

而他卻面向全球,浪跡天涯。在這一生中,我們還能有機會再見面嗎?在北京分手時,情不自禁地彼此擁抱,緊緊地緊緊地……後記:1989年初我收到來自非洲肯尼亞、奈洛比47074信箱李我焱寫於1988年12月31日的賀年卡:「光宜兄:火車上偶遇,實為萬幸,竟日長談,暢快曷似!四十年不見,一切如夢如煙,人世滄桑,同窗得以再聚,真是緣份!遙維公私迪吉,闔第康泰,時為頌禱!我們隨後去上海探親,曾去太湖一游。蘇州亦留二日,河水污染甚為嚴重。上海蘇州河臭氣熏天,可嘆,治理起來怕所費甚鉅。八月中返奈洛比,匆匆又三數月兮,一切如恆。小女明夏將入大學,目前正申請中,希望進入美國長春藤學校。望保持聯繫,敬祝順遂,新春百吉!弟我焱、沈靜敬上1988」1990年初,我又收到來自奈洛比的賀年卡,這次寫得比較簡單:「光宜兄嫂:希望再有機會暢敘。我焱、沈靜1989」李我焱1971年考入聯合國,先在秘書處工作,兩年後到聯合國環境規劃總署工作19年,最後升任助理署長。20年來,他公幹出訪,到過98個國家和地區,走遍了世界的大街小巷。因為擔任中國環保工作的聯合國協調人,他多次回國協調指導一系列的合作項目,對祖國的環保工作作出了有益的貢獻。

　　關於這次車上奇遇,李我焱自己也寫了一段:「這邊迪斯尼樂園經常播放的一首主題歌,反復重述『It is a small world after all』(到底還是一個小小世界),有時還真有道理。」

　　又記:2005年8月5日清晨,王榮鈞從網上傳來2005年8月4

日《南方週末》上的一篇文章：《一次不為人知的華人精英運動：三十五年「保釣」夢》，裡面提到李我焱的一些不為人知的傷心事，讀後為之黯然：「當時的全美保釣委員會總召集人李我焱，因為參與保釣運動，哥倫比亞大學研究員的工作被取消。其間疏忽家庭事務，幼子病重，無人照顧，最終夭折！這成為他一生難以言說的痛事。34年後，從聯合國工作崗位上退職的李我焱，已經72歲了，定居於佛羅里達的奧蘭多，在家中照顧老年痴呆的妻子。

而當年的失子之痛，無疑是對太太一生的愧疚。

「這場運動，象一陣狂潮把我整個卷進去了。幸好聯合國環境保護總署成立，給了我一個機遇，還算未虛度此生。」1972年，中國進入聯合國，李我焱響應祖國號召，放棄了核物理的專業，進入聯合國工作。

「當時和李我焱也作出相同選擇的還有八十多人，大多放棄學業從事繁冗的翻譯工作。1970年代末，聯合國環境總署成立，李我焱申請調入，遠赴非洲肯尼亞，一直工作19年，一度做到助理署長的位置。」

蔣友宜的文章差不多已完整勾稽了李我焱全部人生。我想補充一些遺落之處。

李敖前女友王尚勤因為參加保釣，趁那一股風潮中進入聯合國中文處當抄寫員。她有崇拜英雄情結。李我焱是紐約華人通往中國代表團唯一通道，中國代表團有什麼使命交代，都要

透過李我焱；華人有什麼效命要求，也透過李我焱。對王尚勤來說，李的形象高大，是典型英雄人物。王尚勤崇拜英雄，對李敖如此，對李我焱也是如此。

李我焱那時已婚，面對王尚勤拼命追求，定力不足，終於把持不住。王長得漂亮，兩個人很快男歡女愛，不免在人們面前眉來眼去。

左派一貫對男女關係奉行清教徒主義，眼睛哪容得下一粒沙子。平時對李我焱得寵於代表團已經不滿，人人欲取而代之而不得。今見天賜良機，李我焱的徒眾，乃大張旗鼓，召開批鬥大會，李我焱低頭認罪。徒眾決議如何處置李我焱，激進派主張由眾人出錢僱一飛機，將李我焱空投大陸，大陸方接收後，押送勞改。方案呈送中國代表團，代表團參事李文泉勸阻聯合國內紅衛兵的過激提議，認為不可行。1973年，正好聯合國環境規劃署在非洲肯亞奈洛比成立，需要一名中文翻譯，於是將他下放非洲。他在奈洛比廣結善緣，不到兩年，翻譯增加一名，張文藝自動請纓。李的才幹受到署長埃及人莫斯塔法‧托爾巴（Mostafa Kamal Tolba）的賞識，調升他去負一方之責。在互聯網尚未出現之前，他創立國際環境查詢系統，世界任何地方發生的任何環境災難，救援工作的第一反應，可以從這個系統尋求資訊和幫助。李我焱此後步步高升，最後的官階是助理署長，是聯合國環境規劃署的第三把交椅。

我見到的李我焱是彬彬有禮，待人寬厚，對我尤其照顧周到，令我終身感銘難忘。

但是他也有大義滅恩的一面。

李我焱因發展共產黨組織被國民黨關押在火燒島四年多。

刑滿出獄，大學畢業，無法出國，李我焱的舅父是台灣省政府新聞處長吳紹燧，找到了救國團主任蔣經國，由救國團的姚舜組長作保，保證絕不反對（國民黨）政府，終於出國。

釣運發生時，姚舜是國民黨政府的教育部國際文教處處長，蔣經國對台灣出國學生到處示威反對國民黨，直覺知道是共產黨背後策動。示威學生遠在天邊，力所不及，只能動之以情。打聽知道李我焱是示威組織者和領袖，同時又知道姚舜過去於李我焱有恩，於是派遣姚舜和與國民黨黨部第三組副主任曾廣順等到美國五大城說服示威學生。他們找李我焱，李我焱面上過不去，虛與委蛇，暗地組織群眾公開羞辱姚舜。

姚舜在美各大學舉行十多場辯論會，最為左派津津樂道的是與李我焱的對壘場面。事後保釣紅衛兵報登載〈前、後太極拳記〉、〈姚舜疏導記〉，對姚舜極盡訕笑嘲弄之能事。

李我焱被貶非洲後，並不垂頭喪氣，自怨自艾，反而大展長才。一方面，近水樓台，把署長伺候得服服貼貼，幾乎無日不可沒有他。署長進出奈洛比機場，他一定親自接送，連署長太太做頭髮，也由他打電話預約。

另一方面，聯合國高官在肯亞，享有外交官待遇。每年固定兩次可以免稅進口外國稀缺商品，供自己享用。我進口英國威士忌和美國蘋果，兩年離開非洲前，幾近變成酒鬼。李我焱則從香港進口麵條、蝦米、醬油等中國食品，轉售奈洛比市內

三家中國餐館。同時，他省吃儉用，買下許多高級住宅，租賃外交官和商人。他退休搬回美國，不願回傷心地的紐約，而遠遁佛羅里達的奧蘭多，買下「摩鐵」，開設「坐月子中心」，照顧來自大陸懷孕婦女的吃住、生產、嬰兒出生證，以備將來十八歲領取綠卡，護士、醫生、律師一應俱全，一條龍服務到底。遠在川普總統禁止來美生子入籍以前，他已賺得盆滿缽滿仙逝，終其「抓革命，促生產」，「致富光榮」的一生。蔣友宜文中所見十五、六歲女兒則進了哈佛大學。

加州三雄

中文處後進者有所謂「加州三雄」的說法。三雄是誰？郭、劉、張是也，他們被認為是中文處最佳翻譯。

郭大雄早年是沙特（Jean-Paul Charles Aymard Sartre）存在主義信徒。沙特1943年出版其名著《存在與虛無》（L'Être et le Néant），1950年代後已是馬克思主義的積極倡議者，他雖沒有加入共產黨，但在1954年，沙特應邀訪問蘇聯和中國，在1960年代時還到過古巴見到卡斯楚。沙特經常為史太林政權和毛澤東政權的暴行小罵大幫忙。在一次報章訪問中，沙特提及1954年訪問蘇聯的所見所聞，說俄羅斯人有批評政權的完全的自由，他們不批評「那個」政府，只會批評「我們的」政府。史太林死後，沙特在1960年出版了《辯證理性批判》（Critique De La Raison Dialectique），試圖將社會主義在歷史的實際哲學化。沙特與他的同居人西蒙波娃（Simone Lucie Ernestine Marie Bertrand de Beauvoir）也於1955年受中國政府招待，赴文革中國大陸朝聖六星期，各有專著發表。沙特思想與毛主義有共通之處。沙特追尋生存的深層意義與毛的「靈魂深處鬧革命」有異曲同工之妙。

郭大雄留學美國柏克萊加州大學後，受左派學生反戰影響，成極左標竿，主持《戰報》，首舉紅旗，罵沒有隨他反抗

國民黨的教授和留學生是「自了漢」，患了「政治陽痿症」，「你就是把他脫了褲子，再怎麼搓，都是不舉的，都是硬不起來」，佳句被傳誦一時。他於1974年以「保釣三團」名義到中國見周恩來，在中國待了42天。回美後，曾批評中共弄虛作假，從此不去中國大陸，與中國駐聯合國代表團也保持距離。談話中，他常半開玩笑說，自己的老本快吃光了。「老本」是指他在保釣中替中共立的汗馬功勞，「吃光」是指他從大陸回來以後所發不滿中共的言論。當時，中共文革派號召保守派「不要光吃老本，要立新功」。他在保釣所立功勞實在太大，他後來言論也很節制，絕不越界，他雖批評文革，不旋踵文革結束，連中共當局都批評文革。他還搏得先知先覺者名義。所以「老本」始終沒有吃光，到死時，還積存一些「新功」。

另一方面，他在台灣方面，默默耕耘，不知不覺間，又累積許多聲望和本錢。晚年在台發表小說，立場依然堅持左派，念茲在茲要為台灣「啟蒙」馬克思主義，常年憂心，夜不成眠。1981年離開蘇聯煙滅已3年，他仍作文道：「這八年來，日夜閱讀及思考馬克思主義的理論。由於用功過度，去年患了神經衰弱，既不能睡，也不能吃安眠藥（胃病及引起第二日的暈眩），體重減輕到只剩下九十磅。冬天回聯合國上班，有時進大門的風口處，人被風刮得進一步退兩步。今年以來，健康才恢復一些。」他心臟病猝死，享壽68。妻子是台灣名小說家，效顰西蒙波娃與沙特只同居不結婚，後來發現聯合國規定，沒有結婚證就不能領眷屬津貼，才去補辦結婚手續，夫卒

後，上吊殉情。

郭大雄逝世，由中華人民共和國出面，在聯合國教堂，舉辦隆重追悼會，由他的革命戰友，劉二雄念悼詞。

二雄才氣橫溢，散文評論小說很多，精巧絕倫，可惜不能衝破時代，不入台灣當紅評論家的法眼；他描寫栽花種樹和打高爾夫球，為台灣文壇先驅。可惜，他「多巴胺」（dopamine）分泌過盛，不時發情，出現「徐志摩症候群」，見一個，愛一個，愛上之後，置妻小於不顧，他曾切去一小手指，就是為挽回女人心，還有人誤以為他是金盆洗手的日本「雅庫扎」（Yakuza）。他幾次離家出走，興盡回來，妻子賢慧又與他復婚。他那次轟轟烈烈的與曹又方的大戀愛，我是旁證人。

他的「枯山水」以「祭壇」暗喻「砲台」，是陳腔濫調：「他選中一家荷蘭風的旅店，作為他們完成儀式的祭壇。⋯⋯然後，在讀盡漫山遍野瀰漫死亡氣息的紅葉之後，走上祭壇，他們的儀式，離完美不遠，他知道，因為，她用床單裹住半邊身體，回首煞那，嘴角的似笑非笑，讓他感覺達文西完成蒙娜麗莎後的放鬆和疲憊。」曹又方的「瀟灑過情關」將自己比喻為祭壇上待宰羔羊：「沒日沒夜的做愛，地動天搖，聲嘶力竭，器官為之灼痛，不正是顯現青春的火爆猛威嗎？」大抵中老年男女「歡愉」都像胡蘭成那樣「草草」了事，那能像她們地動山搖，鬼哭神嚎，不知要羨煞多少同齡人。

二雄對我仁至義盡，我感恩不盡，當時我帶著紐約被極左

批判後的創傷，移居肯亞，他給我溫暖，安置我與妻子住在他家，直到我找到自己的房子。後來他寫《浮游群落》，逐章讓我先睹為快，我不知道他與陳映真搞共產主義讀書會的過去，也沒有能給他更好的建議。後來我從非洲回到紐約，也一樣一家三口先住他家，後租公寓，雖然每日見面，關係漸淡。

張三雄是國民黨的官二代，父親曾任天津市長。據他自傳《早上四，晚上三》，他一生經抗戰，從天津撤到重慶、台北，少年桀驁不馴，被父親趕出家門；然後入聯合國環境署，肯亞被騙，巴基斯坦遇險；暮年回山西老家，再會初戀情人，娓娓道來，福壽雙全。年前去世時，眾左派為他抬棺巡行紐約唐人街，甚至有退休中共官員與會，享盡哀榮。

他喜歡城市熱鬧生活，在1970年代他就在曼哈頓下城唐人街附近的「翠貝卡」以不到十萬美元價格買下一間寬敞的套房（loft）。當時不起眼，不出數年，經電影明星如勞勃·狄尼洛和甘迺迪兒子小甘迺迪等名人炒作，loft成為紐約雅人落腳地，價格飆漲。他死前幾年，我問他太太，現在她的loft值多少，她答說，大約七百萬美元。他是我們同事中最早成為億萬富翁的人。

因為我在他附近買來較小號的loft，時常來往，我們一群人常常是在唐人街合吃晚飯，踱到他家聊天，經常聊到半夜。

我注意到他的異常之處是他美國話無口音，深通美國人情，因為他中學時就讀台北美國學校。他去美國留學本欲當好萊塢當編劇，未能如願，才考入聯合國。他作文敘事細密，行

雲流水,以他的英語修為,稍加淬煉,不難在英文界爭得一席之地,那他的天地就就要比我們其他人寬闊多了。他不此之圖,拘泥於大中國情結,一身文藝賣與聯合國作吏,多餘才情僅能傾瀉於香港左傾統戰雜誌《七十年代》(後改《九十年代》),在中文文化沙漠的紐約,哪能他大施展手腳的餘地。我不免為他感到遺憾。

台灣政治解禁後,他透過鼎鼎大名的電影明星姪女張艾嘉人脈,結交港、台藝人、文人、畫家,逐漸打開局面。鄧小平開放後,大陸知識界對西方知識,如飢似渴,有識之士紛紛來美求經。來美必來紐約,來紐約必到他家沙龍,很多都在他家落腳,他將多餘空間,打造成舒適客房,有人還戀棧,捨不得離去。他以此道廣結善緣,成了兩岸三地文藝界的孟嘗君。早年香港名導演李翰祥的當家花旦江青(與四人幫的江青同名),流落紐約,也受他多方照顧。

他談文論藝,很少涉及政治。在台灣出版了幾本書,其中一本民初背景的武俠小說《俠隱》,死前被大陸著名導演姜文看中,北京當局批准後,拍成電影《邪不勝正》,死後,大陸還為他出版自傳。

其實他對大陸最大功績是他在《七十年代》寫的一篇介紹牛仔褲歷史的長文。牛仔褲一出現就被大陸定性為資本主義腐敗象徵,經過他的妙手文功之後,大陸人才認識到這種厚重帆布褲,耐操耐髒,原來是勞動大眾創造品,他描寫褲帶口上打銅釘的經過,令人忍俊不禁。我在曼谷聽北京來聯合國出差的

翻譯談起，此文刊登後，正值大陸全面開放，《參考消息》轉載後，幹部人人誦讀，北京最高當局立即定調，牛仔褲原來是無產階級最佳服裝，全國隨即風行，青年男女不再以穿藍色緊身牛仔褲為恥。蘇聯剛垮，我去莫斯科旅遊，到野外冰天雪地的戶外市場見識，那裡中國製牛仔褲堆山積海，成為俄國青年的搶手貨，則他的貢獻不僅限於中國，更擴及鐵幕崩解後的俄國了。

我最初到非洲是去接替他的職位。相聚不過兩天，他太太對我新婚妻子如老媽媽對待女兒，把不要的東西都送給我們。我退休後，只要到紐約，必去拜訪他們，主要是我太太要去探望他太太。

他為人是真正的胸無城府，我初以為他是個和稀泥角色，因為他跟什麼人都來往，後來我發現他是非感很強，對瞧不起的人從不假以辭色。我調差曼谷，他好心把他當地的親戚介紹給我，後來我們因金錢問題與他親戚鬧得不歡而散，我回紐約，他沒有責備我，一如既往。他的寬宏大量，著實令我吃驚。我自忖，換我是他，怕無他肚量。

加州在聯合國的人才濟濟，三雄云乎哉？聯合國中文處內，真正優秀的文學翻譯家，豈能不數莊信正？莊是比較文學博士，對中文和英文的理解和運用能力，不亞三雄。他研究詹姆斯·喬伊斯（James Augustine Aloysius Joyce），真正深入西洋文學殿堂。他與張愛玲的交往，可算是張最親密的知己，張對他的信賴可能還勝過信賴她的「伯樂」——從張愛玲小說

看，她似乎是個疑心很重的人，她對莊毫不設防，完全信任，且把後事交給莊。許多人靠張愛玲成名，莊卻沒有；一直等張死後，他自己也出名之後，而且在張生前先得張同意，才開始寫關於張愛玲的書。他進聯合國之前，在南加大教書，因聯合國工作薪酬多，也穩定，故移樽來此，平時不屑同流合污，與我一樣，四品芝麻官（P-4）退休。

曾仲魯

　　曾仲魯是汪精衛二把手和替死鬼曾仲鳴次子，父親也名仲。中國書香門第，父子不同名。他的名字應是他父親所取，敢於打破傳統禁忌，他的特立獨行可能來自世襲遺傳。

　　《中國共產黨新聞網領導幹部資料庫》載曾仲魯口述他母親方君璧於1912年與她嫂子曾醒、姐姐方君瑛一起隨汪精衛到法國留學，「因為得到的官費很優厚，每一份足夠兩個人用，所以方君瑛就決定帶她的妹妹方君璧，曾醒帶了兒子方賢俶和弟弟曾仲鳴，陳璧君帶了她的弟弟陳昌祖，加上汪精衛，一共8人，於1912年乘船離開中國。那一年，曾仲鳴16歲，方君璧14歲。」汪精衛一行來到法國巴黎南部的蒙塔日城，就像一個大家庭一樣生活在一起。方君璧一句法語也不會，便先到語言學校學習。學校是寄宿制，每周回家一次，當時蔡元培、李石曾等留法前輩也在蒙塔日城，每逢方君璧回家，蔡元培和汪精衛就指導她學習中文，蔡元培教古文和書法，汪精衛教歷史和詩詞，方君璧的文史底子就是汪精衛和蔡元培給打下的。1914年夏天歐戰爆發，為了避開戰火，這個中國大家庭轉移到了法國西南部的港口城市、世界著名葡萄酒之都波爾多。

　　方君璧考上波爾多美術學校，開始了她的藝術生涯，後來又考入巴黎國家高等美術學院，成為這所學校第一位中國女留

學生。曾仲鳴死後，方君璧長期旅居海外，半生守寡，一生作畫，以繪畫知名中外。由於她在藝術上的不俗成就和黃花崗烈士家屬身份，方君璧在海峽兩岸都受到禮遇和尊崇，1970年代回國時還受到周恩來的接見。

那次是我第二次見到曾仲魯。當時我從非洲赴日，路過北京。與他同住華僑飯店。時在1972年，有曾仲魯文為證。他寫母親的傳記有云：「1972年，君璧七十四歲時，終於實現了多年的願望，相隔二十四年回到中國大陸訪問，看到新中國自力更生、欣欣向榮的面貌，她深為感動。周恩來總理接見她時，懇切地問她有什麼要求，她答說：只希望得到方便，遍遊神州作畫。周總理為之讚許。」

那天引起注意到的是，我剛從華僑大廈下來，準備隨團赴長城遊覽，見到大廳正中間出現了異象，群眾騷動。我仔細一看，久違的曾仲魯處於騷動中心。原來他帶了他初次回國的母親和白人妻子，正準備上豪華官車，赴周恩來宴會。他們三人光是頭髮已是三種顏色，曾母白色，曾本人黑色，曾妻深紅色；他們三人的衣著，更是突出，母「前清」式，曾本人「毛裝」，曾妻為時髦洋服。前清裝是鮮豔小襖帶裙，腳下只缺三寸金蓮。毛裝則有異於灰溜溜皺巴巴的工人裝，顏色不但深沈，剪裁更深合西裝之道，其挺拔貼身比毛主席所穿的毛裝有過之而無不及，衣料應是外國上等貨色，非中國產；他妻子的洋裝乃放肆衣裙，五彩鮮豔，輕盈窈窕，如花蝴蝶般。試想文革尚未完全結束，民風保守，北京灰灰一片，幾時能見這種燦

爛繽紛的人物。

曾仲鳴浪漫成性,喻血輪在《綺情樓雜記》中對曾仲鳴私生活作有生動描述:「曾仲鳴為汪精衛最寵信之人,其人小有聰明,亦能搖筆為文,故汪倚為左右手。民十九,曾隨汪赴北平,召開擴大會議。北平為評劇大本營,名伶輩出,當時有坤伶主席新艷秋者(本名王玉華),色藝俱佳,曾一見鐘情,每日必往捧場,擲巨金不惜。時艷秋正豆蔻年華,曾又炙手可熱,遂獲作入幕之賓。後汪精衛任行政院長,曾為鐵道部次長,適艷秋蒞首都,入南京大戲院演戲,曾以久別重逢,戀之若狂……艷秋原寓中央飯店,每晚散戲後,即共曾繾綣。後曾以中央飯店人雜,恐他人染指,乃令艷秋移寓陵園新村,自是幾成曾之禁臠。」

蔡登山在《新艷秋的前塵往事》對此解釋說:「曾仲鳴的妻子方君璧,一方面秉承了舊時代賢惠妻子的美德;一方面濡染了法國的浪漫氣氛,覺得丈夫有個情婦是無足為奇的事,所以不但容忍曾仲鳴與新艷秋雙宿雙飛,而且有時候還會伴著丈夫到更新舞台去捧新艷秋的場。」《陳克文日記》也說,南京被日本攻陷後,(陳克文)「晚飯後,至仲鳴寓所明德飯店,與仲鳴、政綱、彥慈打牌,仲鳴所呼之妓至,不便阻人好事,遂離去。」曾仲鳴替汪精衛遇刺而死,彌留之際有名言傳世:「國事有汪(精衛)先生,家事有我妻,我沒有什麼不放心的。」

「我妻」即曾仲魯之母——方君璧,國民黨七十二烈士方

聲洞胞妹。方君璧也在蔣介石刺汪時身受三槍，她的《頡頏詩詞》序中她對丈夫念念不忘：「我們兩人的血同時流了，混在一起，我的一半已與你同死，一半的你生存在我的身裡。」

曾仲魯說他母親「非常愛汪精衛」。汪將倒之際的1944年，幽憤成疾，到日本名古屋治癌。那時，日本已被美軍包圍轟炸，方君璧冒險經東北和朝鮮赴日，與汪臨死告別。汪精衛送她一塊硯石，刻有手書銘文：「筆有時而禿，墨有時而竭，唯汝伴我，朝夕矻矻，數十年如一日，是所謂君子之交，堅如是石。」曾仲魯又說他母親「當接近（汪精衛）權力中心時，君璧不肯展出她的畫。到大戰結束，她以曾仲鳴夫人方君璧的名義舉行大規模個人畫展，轟動整個上海。」1949年，她帶三個孩子赴法，1956年移居美國。以後一直住美國。所以曾仲魯從小受美國教育。中文則是他母親靠打罵教育，強迫學習，學成的。他母親1966年在臺灣開畫展，借用歷史博物館場地，由張群主持。

我只見過曾仲魯兩次，但是他給我留下的印象，至今難忘。我第一次見到他是在印度新德里舉辦的聯合國國際婦女會議。我從紐約總部去，他自日內瓦辦事處來，我們之間眼光沒有交集。他與我同一辦公室，因他眼高於頂，自視皇室貴冑，標新立異，一身牛仔裝，既有別於國際楚楚人士，又凸出他的第三世界立場。不過他的牛仔裝沒有一絲皺紋，一看就知其價格尤高於高級西裝。

翻譯工作忙碌，譯稿常常交換審改。有一次，我看了他

的譯稿,雖字字是漢字,讀完卻不知所云,因為他的中文完全英文文法,長得無法斷句。我真不知道他的翻譯考試是如何通過的。

我餘暇到尼赫魯大學找譚中教授,他是譚雲山之子,譚雲山湖南人,早年赴印,追隨泰戈爾,由蔣介石出錢在泰戈爾的森林大學創辦中國學院,我大學畢業,有意赴印學梵文,曾與譚雲山通信多次。後因簽證不准,我才沒有成行。

我先到德里大學,見到譚中太太。由譚太太帶我去他家。

譚中與我一見如故。談起舊事,他更親切,全力招待我。他是尼赫魯大學中文系主任,週末他包了校車,帶了眾多男女學生陪我和同來的楊誠去郊遊。尼赫魯大學是全印度最好大學,學生都是印度的精英中的精英。印度女大學生大膽而美麗。印度平均工資不高,中文系畢業最好出路當然是到聯合國當中文翻譯,我再三向學生們說明,翻譯考試報名表控制在中國代表團手裡,以印度和中國大陸的猜忌相互關係,他們即使中文再好,也不可能拿到報名表。我言之再三,印度學生們始終不信。

譚中問我要一份我們會議期間的全部翻譯的中英文稿給他,以便讓他的學生觀摩學習。當時我心裡著實猶疑了一陣。以譚中的中英文程度,一定看出曾仲魯中文的破綻。不過,臨走前我還是硬著頭皮把全部譯文全部給了他。還好此後,譚中還是同樣真誠待我,我們的友誼始終沒有因為曾仲魯的不通中文生變。

我回紐約後，與熟人談起印度見聞，酒足飯飽之餘，未免涉及曾君，語涉不敬，朋友不以我為然。作家張北海與他至交，說他穿戴極為講究，衣非名牌衣服不穿。聯合國翻譯同事郭仲德與他在奧柏林大學一起，說他中英文兼通，能言善道，精通馬、列、史、毛主義，以此批判西歐資本主義文化鞭辟入裡，富煽動力，崇拜者甚眾。

　　後來我讀楊牧自傳，說他在奧柏林大學時，最敬佩的就是曾仲魯，學問一流云云。他年紀與楊牧不相上下，楊是大學畢業，當完兵後，來奧柏林進修第二年，搬家時，發現「新居的地下室住了一位很有意思的鄰居，是一位名叫曾仲魯的中國男生。曾仲魯在學校讀比較文學與文學理論，學問非常好。那時傅柯等法國戰後哲學理論還沒流行起來，他所講的理論，在楊牧聽來真是不得了。」（2002年10月15日楊牧接受《聯合報副刊》張惠菁訪問）。不過，艾奧華是偏僻小城，奧柏林在美國文科大學中排名25，算是二流大學。在美國長大，學文進二流大學，平庸可知。他從小以英語為母語，稍懂中文，混在英文不甚好的台港留學生中間，拿一些耳食來的西洋知識唬他們，自然把台港留學生唬得一愣一愣的。曾仲魯同時也是台灣左派旗手唐文標好友，他們是「左」氣相投，不在話下。

　　曾仲魯不只一個人怪，一家人都怪，或許出於遺傳。張北海說他有一次因事情到美國南部小城，由曾仲魯介紹，曾仲魯哥哥到到車站接他。他一出車站，就見美國人正在圍觀一東方人，身著拿破侖袍，開古董車。美國人以為亞洲馬戲團來此宣

傳，拿破侖也頗為志得意滿，頻頻向觀眾搖手致謝。原來拿破侖就是他哥哥。美國古董車貴得離譜，非大有錢人玩不起。他們兄弟，從小錦衣玉食，不知民間艱苦，才會異想天開，去玩那種吃力不討喜的把戲。

有客自日內瓦來，言及當地事。她也在聯合國萬國宮工作，與曾同事，曾往其家，為古堡改修，如住洞窟，儼然中古貴族生活；雅固雅矣，生活機能差，缺乏現代電器便利。唯美主義者，生活機能云乎哉。

曾仲銘死時，曾仲魯四歲。他很慶幸父親被暗殺，認為他父親「死得及時」，他的理由是「汪偽政權在南京成立後，以他對汪精衛的信任及追隨，他必然會是偽政府裡的主要成員。那麼過了5年，他肯定會與陳公博、林柏生等人一樣被押去槍斃，還要負上漢奸的罪名。」

我退休後，移居東京，有一天逛神田書店街，見到名傳記家上坂冬子所作《我任其難》，副題是《汪兆銘的真實》。

「君為其易，我任其難」是汪精衛在重慶給蔣介石留別信中的名句。我買下該書細讀，序言中赫然發現久違的曾仲魯。上板以寫細密傳記馳名日本文壇，她為寫此書，專程到日內瓦拜訪曾仲魯，曾提供了不少材料，替汪精衛鳴不平，他的論點是汪精衛是蔣介石與日本軍方的代理人，他的出發點是若汪精衛的污名得以洗刷，曾家的名譽也可以恢復。即使他的計劃得逞，國民黨依然是共產黨要消滅的對象，在共產黨的眼中，他依然是國民黨餘孽。

曾仲魯於退休前的1991年1月，大陣仗訪問北京。北京出版《歐洲研究》報導聯合國駐日內瓦機構官員曾仲魯（華裔）和夫人霍百安（美籍）在中國社會科學院西歐研究所座談會上進忠言說，「中國更多重視的是美、日、蘇，歐洲只作為國際政局的一個因素加以考慮，這是不妥的。歐洲人更多的注意自己的文化、歷史、宗教。」他似乎已放棄毛主義論調，儼然變成是西歐文化鼓吹者了。

官二代

　　美國保釣風雲突變，國民黨的官二代，如台灣省主席黃杰女兒、台灣交通部長袁守謙的兒子、司法院長謝冠生的兒子和《新生報》社長王民女兒等都揭竿而起，紛紛起來譴責國民黨。他們之中許多人都另有高就，沒有去擠聯合國；然而，等而下之者，佔聯合國翻譯最多數，舉其一二。

　　邵毓麟早年時留學日本，曾就讀於九州帝國大學、東京帝國大學研究院。回國追隨蔣介石，1949年出任駐韓國大使，1957年再任駐土耳其大使。1964年任日本研究所所長。是蔣介石的知日派。

　　其子在聯合國卻是知名的反日領袖。邵子榮任南京大屠殺死難同胞聯合會會長。

　　邵子與邵妹都在外國長大，大學卻在台灣念完。哥哥台大，妹妹輔仁，後來邵哥留德，得法學博士；邵妹留法。兩人原來都在中文處當翻譯，邵哥後來調出，當法律顧問，高傲自大，致官運不順；邵妹身段較軟，外調維也納，處長退休，唯婚姻不順，只與西班牙翻譯短暫結婚幾年而已。退休後每年回輔仁大學教授翻譯。

　　邵子是促成張純如1997年《南京暴行：被遺忘的大屠殺》暢銷書最大幫手，他以第三者口吻自述原委：

1995年2月20日,他收到了美籍華裔女作家張純如寄來的一封信,說自己很快將來到紐約收集南京大屠殺的史料,希望得到他的幫助。「在這之前我已經從西海岸一個朋友那裡知道,有個年輕的女孩有興趣做這方面的研究,並想寫一本南京大屠殺題材的書。我們聯合會的幾位同仁年紀都大了,有新生力量加入當然是好事!我立即給她回覆,歡迎她到來。」隨後,張純如在紐約的兩三週時間內,一直住在邵家,邵還把自己的車借給她使用,方便她每天開車去兩個多小時車程之外的耶魯大學神學院圖書館查詢資料。在日常的相處中,討論南京大屠殺問題是他們的重要話題,張純如也不時地將自己在史料徵集中的收穫告訴邵。從上世紀八〇年代起,邵和南京大屠殺受難同胞聯合會的同仁們就開始展開了相關史料收集工作。或許是因為曾經留學德國的緣故,他對德國方面的史料尤為關注。「那時我已經從美國發現的史料中知道了南京安全區國際委員會主席拉貝,他是一個德國人。我也一直在想辦法尋找他和他的後人,為此還專門去了一趟德國,但因為此行比較匆忙,沒有什麼收穫。」在一次交流中,邵向張純如提起了拉貝,「我對她說,這個人很值得研究,你也可以試試找找看。」張純如是個非常認真、嚴謹的人,她在耶魯神學院圖書館的史料中仔細查找,果然也發現了有關約翰‧拉貝的記載,但遺憾的是不夠全面、系統。憑著自己的敏感,她覺得這的確是一個非常關鍵的人物,於是想方設法展開了尋找拉貝的工作。

「她很執著,也很有辦法。」邵說,張純如通過各種渠道發出去很多封信,結果功夫不負有心人,其中一封信得到了德國方面的迴應,並由此終於聯繫上了生活在柏林的拉貝的外孫女萊因哈特女士。

「當她告訴我說找到了拉貝後,我特別驚喜,並問她找到了哪些資料。張純如說萊因哈特給她寄來了一些資料,但自己不懂德文,不太好判斷它們的價值。」隨後,張純如將這些資料又寄給了懂德文的他。

在寄來的信件中,有一份資料是拉貝本人寫的有關回國後被特務機關扣押的經歷,信裡有一句話,「關於這件事情的細節,請看我的日記……」「原來他還有一本日記啊!」這個發現讓邵激動不已,趕緊打電話問張純如,但張純如表示萊因哈特並沒有把這本日記寄給她,「我繼續跟她聯繫找找看!」

從這時候開始,張純如和邵的一項重要工作,就是追尋拉貝在信中所說的這本日記。

他利用懂德文的優勢,與萊因哈特展開電話交流。對方表示拉貝的確留下了一本日記,「對於日記的內容,她起初不願意多談。我好不容易才請她多透露了一些情況,獲悉整本日記共有2000多頁,收藏在德國南部她的舅舅、拉貝的兒子家中。而日記裡究竟寫了些什麼,她只回答說自己也就看過一小部分,就不敢再往下看了……」

「後來,我再次請求她,能否看一下日記的起始日期。」對此萊因哈特沒有拒絕:「從1937年9月開始,一直記到

1938年4月。」

「這不正是南京大屠殺時期嗎！」

邵更加明白了這本日記的分量，也更加堅定了要找到這本日記的信心。

不過，拉貝家人對公佈日記的顧慮也是可以理解的。「第一個顧慮是拉貝當時的納粹身份，儘管在那個年代情有可原；第二是因為二戰期間德國與日本是盟國，存在道義上的關係；第三是他的後人們顯然也知道這本日記的重要性，一旦公佈，必然是個轟動性的『炸彈』，他們對後果也難以準確預料。」

儘管存在種種障礙，邵和張純如卻沒有放棄，他還「發動」在德國的一些頗有「身份」的朋友，親自登門請求萊因哈特站在歷史和未來的角度，將日記公開。萊因哈特後來同意將日記的一部分拷貝送給邵子先做一些研究。拿到拷貝的邵子立刻將它們送到美國哈佛大學、哥倫比亞大學兩位分別研究民國史與日本史的學者手中，請他們評估這些日記的價值。「當這些學者看到這些日記後，無一不感到驚訝：從來沒有看到過這麼多的記載，它的重要性和角度非常特別，鼓勵我們繼續把它找出來！」

為了這個目標，他繼續努力通過種種方法去做萊因哈特的思想工作。漸漸地，萊因哈特被打動了，特別是當她聽說如今日本有一部分右翼人士否認南京大屠殺這段歷史時，她再也坐不住了，隨即動身前往南部的舅舅家中，勸說他將日記公佈於眾。

1996年12月12日，在美國紐約洲際大飯店，紐約南京大屠

殺受難同胞聯合會花了600美元租了一個廳，專門為《拉貝日記》的公佈舉行新聞釋出會，吸引了各國主流媒體爭相採訪。會上，塵封了半個多世紀的《拉貝日記》引發轟動，各大媒體之間還為此展開了一場新聞大戰。《紐約時報》早早就與邵及聯合會談好了「條件」：「我們一定要獨家刊登這本日記！」後經過雙方「談判」，時報同意聯合會可以在日記見報的前一天舉行新聞釋出會，讓更多的媒體、更多國家的人士知道這本日記。

當天的釋出會上，萊因哈特當著世界各國媒體的面，公佈了外祖父的日記——永久的歷史見證。「為了增加釋出會的新聞性和《拉貝日記》的可信度，我們特地將萊因哈特和她的丈夫從德國接到了紐約。」

最後，他說，首先應該感謝張純如，如果沒有張純如，就不會這麼快找到萊因哈特，更不會知道拉貝還有一本日記傳世。也正是在這次釋出會上，世界媒體第一次知道了華裔女作家張純如正在寫一部有關南京大屠殺的書，使得這本書尚未問世就引起了新聞界的關注。而因為《拉貝日記》的發現，張純如也推遲了書的出版——她要在書中好好寫一寫拉貝和他的日記！

邵哥擁此政治資本，退休後，移居北京。他想辦社區大學，大展鴻圖。教育是關係接班人的共產黨的專屬企業，豈容汝輩外人染指。他處處碰壁。不過，他狡兔三窟，不僅美國有房子，最近還在台北西門町鬧區買了公寓。

他以中華人民共和國國民身份大張旗鼓回台，企圖為中華

人民共和國管轄權及於台灣開路,被台灣政府行政院長蘇貞昌嚴詞駁回,要求他先放棄大陸國籍,才能恢復台灣籍。他最後還是選擇定居台灣養老。

台灣警備總部司令李懷民中將之女,台灣政大西語系畢業,隨夫赴美,沒有上學,閑得無聊,參加留學生業餘活動。那時保釣流行,她在其中打雜,獲得左派學生領導肯定。

由左派推薦入聯合國當抄寫員。她非常乖巧,與有影響力的翻譯交好,由他們指導改稿,熟悉大陸語法,苦練兩年,終於考上翻譯。接著她又與大陸派來的處長拉上關係,當時冀朝柱在中國炙手可熱,他老婆也來紐約屈就翻譯,李女與冀朝柱老婆同一間辦公室。有人聽到她叫冀朝柱老婆為冀媽媽,是否已拜乾女兒?不得而知。果然不久,她就外調人事處,又與中國派駐聯合國最高官副秘書長畢季龍的得寵秘書親密交往,得到畢季龍的提拔。因此,她官運亨通,地位蒸蒸日上,最後以處長退休。

青年黨黨魁夏濤聲之子深受大陸籍處長喜愛,他的妻子詩人也任左派《僑報》副刊編輯,相得益彰,夫後得高升五品。

保釣分子多半是國民黨政府中上層官員子弟。蘇軾詩:「竹外桃花三兩枝,春江水暖鴨先知。」台灣國民黨高官對自己的命運知道得最清楚。他們若不被共產黨解放,也會被台灣人取代。外省人只佔台灣人口十分之一,逐漸凋零,最後歸零。

國民黨子弟是「先知鴨」,捷足先登,逃出台灣後,趕緊認同大陸,另謀出路。中共對他們底細和意圖當然摸得一清二

楚，要他們進入聯合國內心顯然是帶有統戰意圖。後來證明父親官位越高，升級機會越大。這正承襲了《水滸傳》「殺人放火受招安」做大官傳統，父輩（共產黨死敵）「殺人放火」，兒輩「受招安」。共產黨重用國民黨高官子女等於是向他們父輩招降，即令父輩已死，他們還有其他做官的親朋好友。

夕陽紅

　　聯合國保釣志士一向認同中國、一心一意要解放台灣。經天安門事件，柏林圍牆倒塌，蘇聯解體之後，他們有一部分人轉向，但仍有許多「夕陽紅」，到老都還奉北京為正朔。

　　小董父親曾任陸軍副司令，是孫立人部下，受孫案牽累，在台灣貧苦眷村長大，是下等外省人，沒有享受到一般外省人享有的特權，對蔣家和國民黨懷有深仇大恨。

　　他台大畢業出國後，得數學博士，反蔣親共最是積極。考試進入聯合國為口譯。他在保釣期間的活動曾拐誘少婦，擺地攤、賣包子、幹革命，經張系國小說《昨日之怒》和張三雄劇本《海外夢覺》浪漫化之後，成了左派的最大傳奇故事。

　　傳奇女主角自述：「1940年，她生於貴陽，之後去了臺灣，父親後來成為臺灣文化大學的創立者。她從小衣食無憂，大學剛畢業就嫁給了一位美籍華人科學家，赴美定居，帶著3個孩子過著富裕的少奶奶生活。秋天葉子一片片落下來，她坐在房前好長的開車道那兒看書，好寂寞，覺得這個世界沒有人可以和我溝通。1960年代末，她參與了在美臺灣學生保釣運動，開始關心社會現實，追求公正與平等，再也無法滿足富裕卻平庸的精英生活。她離了婚，與在保釣運動中認識的董〇〇結合。」

我初識小董時，他與弟弟和弟媳婦是海外黨喉舌——李我焱所創的《群報》——核心編輯的四對夫婦之一。弟媳婦在聯合國當中文打字員，後考上翻譯，頗秀麗，但不苟言笑，如尼姑；董家一門三傑，我敬而遠之。但有一次我出差中美洲黑人國家牙買加首都金斯頓（Kingston），小董妻隨夫來，與我住同一飯店，人數少，容易熟絡。有一個週末夜晚，我們三人相約包了一輛吉普車，到鄉下吃牙買加名菜泥巴烤豬肉，回途，車子爆胎，司機跑走去找救兵，叢林中沒有路燈，黑漆一片，我們在路旁等候，路上偶有獨行黑人路過，他們也絲毫不懼；遙見遠處有閃爍燈光，我們前行見是一群黑人青年在路旁吸大麻，擊鼓跳舞，他們夫婦立即加入，婆娑起舞，令我見識到他們真情浪漫的一面。

　　1986年，他們夫婦在反獨促統之餘，集合了14名同志，每人出資250美元，共籌集3000美元，成立了「滋根基金會」，幫助中國的貧困兒童教育，試點選在浪漫女故鄉的貴州苗族村。

　　小董退休後，他們搬往北京長住，將滋根重點轉移到流動農民工失學子女教育。但是中國貧困農村子女，特別是少數民族兒童普遍失學，是孰令致之，孰使為之？滋根也幫助農民工興學。最近消息傳來，他在北京辦事處處受肘，現已回紐約養老。

　　小傅在保釣開始，四人幫正紅，他生了一女兒，取名正紅，英文名Scarlet。「亂世佳人」電影及其小說中文譯本的該女主角叫Scarlett O'Hara，中文叫郝思佳。現在有電影明星也叫Scarlett Johansson，台灣譯成史嘉蕾・喬韓森。這兩位的名

字後面多了一個t，無「紅」義。《聖經・啟示錄》17：4節說：「那女人穿著紫色和朱紅色的衣服。」朱紅色（scarlet）的英文少一個t。後來「正紅」非常爭氣，現在是美國彭博（Bloomberg）電視的當紅主播。四人幫倒台，小傅大覺大悟，生一個兒子，取名「夢醒」。現在已是美國笑劇明星。他的鄰居也同是愛國分子，他的鄰居，香港出身的聯合國高官，同是保釣愛國分子，生子在周恩來將死未死之際，批林批孔後期，取周恩來與鄧小平兩人名字各一字為名「恩平」，果然不久鄧小平復出，改革開放，宿願得償。

1977年，汪東興主持簡體字「二簡」，把簡化漢字同音字進一步合併。小傅正好人民共和國護照到期，申請新護照，拿回家一看，「傅」姓已被改成「付」。懊惱甚久，據理力爭，才改回祖姓。

老尹台大研究所畢業後，原在台灣東海大學當化學講師，後出國，得博士學位。他是陳若曦第一任丈夫段世堯同黨。但沒有傻到與他們同赴中國大陸定居。老尹在眾多留學生發動保釣運動時已有穩定收入，無後顧之憂。我初見他在聯合國內，他已在兩年前任職翻譯。他白襯衫，灰長褲，態度誠懇，是樣板戲中幹部下鄉模樣，因他一度主持《群報》被奪權，另起爐灶，創辦《海內外》雙月刊，他自己不能為文，收拾剩餘人才，手下只有老龔、老夏等少數人。我不知底細，見他禮賢下士，在他雜誌上發表小說及幾篇評論。他的雜誌無錢正式排版，靠聯合國打字員免費打字。打字是辛苦工作，多數人非出

於甘心情願,讓他使盡威迫利誘手段。印刷、郵寄及送各書店擺放,都靠自己或威迫利誘人力。買者少,賣出收入統歸書店。如此許多書店還拒絕他擺放,因佔有限空間。

他以一人之力,維持該雜誌數十年,時間愈久,人緣愈差。最後關門了事,朋友也與他成拒絕往來戶。他自嘆曰,別人都買房升值,他直到退休依然住下城出租政府補貼公寓,他在聯合國任職時間不長,退休金不多,若無自己房子,房租年年上漲,十分辛苦。他雖有子女,皆妻子與前夫所生,與他雖志同──都是極左派,但道不合,他在紐約募集圖書,移居中國湖南,開設圖書館。圖書都被偷光,落得孑然一身,當地統戰單位憐他愛國愛鄉過人,封他長沙土木建築專科學校名譽校長。據《湖南省長沙市外事僑務辦公室先進事蹟》載:「歸僑尹夢龍先生89年回國定居之初,我們與市房地局聯繫,為其解決了一套住房。實行房改後,有關單位按高收入家庭要求他購置這套住房,尹先生在萬般無奈的情況下將這一情況反映給了我們。經我們與有關單位協調,最終尹先生用成本價購下了這套住房。尹先生多次感謝僑辦的同志,表示一定盡自己的能力為國家做點事。」住房在長沙望月湖畔。他年過八十,雄心未已,發行網路雜誌《民聲簡報》,重施舊技,以轉載別人文章為主,偶發弘論,聞過則怒,只要有人說中國不好,他必反擊。

老水是老尹妻子前夫之子,與老尹沒有血緣關係,但極左精神一脈相承。後來父子反目。老水曾以筆名,在香港《七十年代》寫專欄,日本《朝日新聞》轉載他文章大意,老水喜

不自勝,找我翻譯。當年,胡耀邦、趙紫陽當政,露出改革契機,老水體貼上意,代聖立言,日本記者因《七十年代》立場親共,誤以為是中共高層故意放出風聲,探測外面反應。

「革命之子」梁恆結交美國富豪索羅斯(George Soros),與趙紫陽拉上關係,他創刊《知識分子》中文刊物,進軍大陸,來聯合國徵稿。座談會中,老水發言,中共不懂外面世界,我輩聯合國人,當組織一智囊團,為其設計外交政策。他退休後搬家賭城拉斯維加斯,王師夢,似未歇。他是美國加州「中美論壇社」的一支健筆,依然絞盡腦汁,為中國外交出謀劃策,與其他一批台灣留美外省籍退休老人,罵美國資本主義,相濡以沫,安享晚年。

老龔考入台大哲學系,途中轉歷史系,臺大歷史系和研究所畢業,後獲美國哈佛大學獎學金,師從美國中國學泰斗費正清(John K. Fairbank)和毛澤東思想史權威史華慈(Benjamin I. Schwartz),因活動太多而停學,參加聯合國翻譯考試,筆試通過。他自述後續:「口試的時候,那位法國籍的翻譯司司長,一個老太太,問我為什麼要到聯合國工作。我竟不假思索地回答說,『為中國人民服務』。話一出口就知道犯了大錯,但是已經晚了,收不回來了。老太太立即還以顏色說:『這裡是聯合國,不是中國』。我竟然錯把聯合國當成中國了,可見我真是一個不食人間煙火的書蟲,書呆子。就這樣,我被刷掉了,被擋在聯合國大門之外了,儘管當時的代表團成員陳楚和洪蘭夫婦替我一再去聯合國說情,也拗不過這位法國老太太的

決定。」

　　喬冠華後來聽說此事，對已考上的翻譯說：「加一句中國人民是世界人民的一部分，為中國人民服務也就是為世界人民服務，不就行了嗎？」他第二年重考，順利考取。他下筆能文，精通毛理論，有英文書問世，卻被排除《群報》之外，退而求其次，不得已淪為老尹《海內外》助手。毛死，四人幫倒台，《群報》關門，《華僑日報》興起，為別人捷足先登，先登者後來都升了官，他卻無緣。悒鬱寡歡多年，請假回哈佛重修，但左派思潮已過，原來論文理論支架倒塌，改題重寫，以張之洞得博士。天安門後，《華僑日報》幫因支持趙紫陽被迫下台，改組為《僑報》，他為創始股東，總攬週報、主筆日報社論，大展宏才，吐氣揚眉。1997年聯合國退休後，主編《春雷聲聲》、《春雷之後》、《崢嶸歲月‧壯志未酬》等保釣文獻。

　　他愈老愈左。最近看到他論毛澤東：「歷史上，中外古今的歷史上，大凡大政治家、軍事家，要改變歷史時，考慮的不是人的生命重要不重要，而是要考慮歷史的任務能不能夠完成，國家的命運更重要，這些才是長遠的考慮。例如我們在遼沈會戰、淮海會戰的電視劇上看到這樣的畫面，毛主席大手一揮，命令解放軍要徹底地、乾淨地消滅敵人。有多少人會死掉，50萬人、100人可能會死掉。要是憐惜這麼多人的生命，那毛主席一個命令就下不了。歷史上偉大的政治家、軍事家，首先考慮的是能不能完成歷史的使命，不是不重視人的生命，絕不是這個意思。可能犧牲了這幾十萬人的生命，以這些人的

生命為代價，拯救了更多的人的生命。這就是歷史的吊詭之處。」他夫子自道：「二十五六歲的年紀。這個年紀的人，大家都是過來人，富於想像力，沒有歷史的包袱，白紙一張，所以敢想，敢闖，敢挑戰權威，特別是搞自然科學的。例如牛頓、愛因斯坦，都是在這個年紀寫出了物理學劃時代的大文章。牛頓在大學時代就寫好了重力場的文章，愛因斯坦也在26歲的時候寫了狹義相對論，掀起了物理學界的革命。我也是在這個年紀的時候，寫了兩篇文章，一篇是《中國歷史波動論》，一篇是《中美甦三強鼎力的世界秩序》。」老龔為其戰友程君復和關文亮編輯遺集，主導詮釋保釣，提保釣學，歌頌「紅衛仕」，卻把「紅衛仕」許多先烈等排斥在外。

老龔於2025年1月27日死于麻省威廉斯鎮家中，享年88歲。死後，他畢業於耶魯大學建築系的女兒於《華僑日報》撰文道：「我父親後來實際上有一點慶倖他不能在美國教書，否則他可能不得不迫於現實壓力而否定毛主席，他堅信毛主席是一個英雄，讓中國避免了成為殖民地的命運。」

現任美國紐約中國和平統一促進會會長阿花，是台灣左派名人。中國和平統一促進會（簡稱「統促會」、「和統會」）是具有中華人民共和國半官方背景的支持中國統一的民間組織，目前在全球多個國家均設有分會，被視為是中華人民共和國政府針對海外華人的統戰機構之一。現在已被美國政府取締。

阿花畢業於臺灣大學歷史系，成績優秀，為許倬雲得意門生。後赴美匹茲堡大學，從許倬雲念博士，因入聯合國撤學，

花左許右,相互扶持,師生之誼不變。

　　阿花唯中共當權者馬首是瞻,其間只有天安門事件趙紫陽與李鵬惡鬥期間短暫猶疑,塵埃落定,他立即表態支持屠殺大學生的當局。中文處內,他未升五級之前,對北京派來處長也嘟嘟囔囔,呼籲大家要與領導攤牌,等自己升級之後,馬上靠攏歸隊。

　　阿花以愛國華僑名義,向大陸的中國銀行取得優惠利率,長期投資紐約房地產。金融危機發生,房地產價格猛降,他憂慮過度,夜中失眠,患憂鬱症。退休後,回中文處打工,卻在辦公室昏厥。

　　他曾與人言,最希望得到的報償是中國人民政治協商會議全國委員會主席,但他戀棧紐約,從未認真考慮移居北京,聯合國退休,台灣人代理人地位無望。現為老病所苦,中國和平統一促進會主席之光環亦為後來到的福建幫奪去。

龍女

　　西洋男人對東亞女人普遍有一「龍女」（dragon lady）的固定偏見，他們眼中黃種女人不是慈禧太后就是小野洋子或江青或鄧文迪。

　　台灣人所造的「女強人」一詞是指能力超強的女人，似乎與固有的強人（強盜）的本義無關。台灣文化中的女強人其實就是「龍女」。

　　華裔婦女多半克勤克儉，刻苦耐勞，特別是台籍婦女，受到日本殖民文化影響，唯丈夫之命是從。

　　一踏足美國，我最大的衝擊就是從台灣出去的女人都變了，個個囂張跋扈，以把丈夫踩到地下為榮。

　　她們經過保釣洗禮後，「婦女能頂半邊天」，個個江青，盛行批鬥，動不動就公開批鬥自己丈夫的「男性沙文主義」，所以聯合國內除了少數幾個台灣人，外省和香港男翻譯一碰到太太同桌，立即俯首貼耳。

　　聯合國任職的華裔多女強人，則可能是聯合國的特殊地位使然。

　　聯合國職員考進以後，一年試用，若無重大過失，轉為終身聘用，無失業之虞，一勞永逸；聯合國薪水比美國公務員高，除華爾街賣股票的差之外，是美國社會中上收入；即便是

事務員級的打字員（以前名「抄寫員」），工資也等同美國地方大學教授水平；所以我任職的總部中文處有好幾位打字員都擁有理工博士學位。若考入品（P）級，更是榮耀門楣。品級男多於女，妻子居家庭輔助角色，合乎中國男主外女主內傳統。但是若女的任品級，男在外又無體面工作，則他們正常婚姻很難繼續維持下去，往往都以離婚收場。有人受不了女強人妻子氣焰，只有暗中另交女友，以求精神安慰。

　　聯合國不只提倡男女平等，因職員男多於女，聯合國為補足平等，明文規定優先提拔女性升級。有姿色的女強人型職員，利用年老男上司心理，地位乃得蒸蒸日上，不過多非華人。

　　我進聯合國還是文革後期，大陸尚未派人來當翻譯，所遇女強人，以臺、港左派留學生多。

　　她們衣著樸素，以大陸為模範。縱使有幾分姿色，也不敢放肆；冬天上身棉襖，下半身隆腫褲，頭髮略長於耳，清湯掛麵，脂粉不施，活脫是一個鄧穎超。

　　若是姿色平平或等而下之，趾高氣揚，能言善道，表現出十足的女強人。

　　中文處有一女翻譯，廣東幫諸君尤其對她恨之入骨；她之所以成為眾矢之的，是由於她的強勢作風。她是生化科出身，沒有高級學位，中文英文皆屬中下水平。她長得又醜又胖，有人與她一同出差到南美某國，週末結伴同到海灘戲水。出水芙蓉，一屁股坐到樹膠席上，「如水銀瀉地」，因她渾身脂肪，遇到樹膠席障礙，向四方伸展，不留縫隙。不過，她手腕靈

活，經常走動中國代表團處，而且時來運轉，在聯合國「婦女十年」後，婦女優先，她是最早被提升到高級翻譯的一位。最後她是新中國入聯以後唯一以主任級（D）退休的翻譯。她的仕途順暢相對的卻使丈夫處境更加可憐。他們大概是出國前後結婚，門當戶對，男女平權。理工科沒有博士，要生存，只有改行做生意。他們在台灣是官僚子弟，如不出國，本可衣食無虞，但在美國，非自食其力不可。

　　太太既考入聯合國，坐辦公室，日益跋扈；相對的，丈夫的家庭地位每下愈況；先是抬不起頭，特別是在收入方面，需要仰賴妻子，若連自己的零用錢也都要向妻子伸手的時候，氣勢更要下降。妻子閒話幾句，也只得忍氣吞聲；經年累月之後，人就變得萎靡不振。這是我在聯合國所見女強人丈夫的普遍現象。

　　隔了好一段時候，我聽說有人看見她的丈夫與年輕大陸妹在法拉盛飯館吃飯，狀甚親密。他們住在曼哈頓上城，丈夫工作是《僑報》，太太工作在聯合國，三個地方都在曼哈頓，避開曼哈頓唐人街，是他的如意算盤。若要人不知，除非己不為。不過，他那時大概已打定主意，準備棄她而去。

　　他們並沒有如大家的期望離婚，他們依然一起生活。據知內情的人透露，他們經過衝突和漫長談判，妻子自認年事已大，又有兒女，再婚已沒有機會，委曲求全，原諒丈夫失足；丈夫也離不開她妻子提供的安定生活。不過，我再見到的該「女強人」之夫，他神情更是頹敗了。

另一女強人則為香港紅色地產名門之後,瑞士留學,嫁與法國白人,家住郊外豪宅,生活有香港女僕伺候。平日不與我輩兢兢業業為衣食憂者為伍。偶然一次在共同朋友家為客,我妻與女強人之夫鄰座,不知就裡,以英語問他做何營生,他答以在家投資。我妻不解好好一個人何以無職業,回家問我。我說人家是家財萬貫,居家投資,錢進錢出,已忙不過來,那需要為區區稻粱謀。不久,女強人遷怒升級不公,掛冠而去。

當權派

　　保釣第一代的當權派是李我焱。

　　加拿大先與中華人民共和國建交,透過加拿大的中國大使館帶話給李我焱,組織了保釣〇團到北京,見了周恩來。〇團成員大部分進入聯合國。不久台灣國民黨被開除聯合國籍,中國大陸代表團取而代之。大陸代表團以喬冠華為團長、黃華為副團長,唐聞生等翻譯,成員龐大,近40人,1971年11月11日空降紐約。

　　他們對紐約一無所知,一切聽從李我焱安排,在曼哈頓中心中央車站隔壁的老舊羅斯福飯店包租了第十四層全部房間(實際是第十三層,因洋人認為十三不吉利),集中居住,等於關在裡面。與聯合國總部只隔三條街,走路約十分鐘多一點。從中國來的團員不能吃洋飯,他們自帶廚師,借飯店廚房,做中國菜吃。但是團員沒有自由,不得外出,萬不得已外出,也需特別許可,而且兩人同行,相互監視,以防外逃。李我焱每天到唐人街替他們買菜。

　　李我焱炙手可熱,羨煞妒煞野心勃勃的其他保釣分子,特別是已進入聯合國的那些人,人人皆欲取而代之,苦無機會。正好王尚勤事件發生,開批鬥會,李我焱被貶非洲。

　　李我焱被打倒後,代表團的代表一時群龍無首,你爭我

奪，人人自居代表，都去代表團報告，回聯合國時時向我們傳達最高指示，有一次傳達要我們在上班時間學習張春橋的「資產階級法權」宏文。我思想落後，跟不上，經常被批評，有一次是〇團團員陳恆次領銜，眾人圍觀，向我曉以世界共產革命大義。

我覺得紐約不可居，正好張文藝要從非洲回來，我請求追隨李我焱和劉大任之後，下放非洲。在非洲他們兩人都對我很客氣，安閒了兩年回來，發現代表團代表已定於一尊，是一位姓譚的港仔。他原來在沙加緬度加州州立大學時，跟郭松棻和劉大任後面搖旗吶喊，因香港人不怕台灣的國民黨，所以更加肆無忌憚，是極左中的最左。

我初入聯合國，見譚某趾高氣揚，言必引毛主席語錄，對他敬而遠之。他太太既年輕又漂亮。丈母娘在打字間當打字，打聽之下，她還是我在東海大學當助教時一位理學院講師的太太。她丈夫由東海出錢送往美國留學，約定兩年後回台，但是他要繼續念完博士，不肯回來。東海將他免職，他太太拒絕搬出大學宿舍，手持菜刀驅趕校方人員。想不到在紐約見到她。她入聯合國後立即看上譚某強烈的企圖心，強行拆散女兒與原來美國男朋友關係，要女兒嫁給譚某。

譚某所以能成第二代當權派，因他很快掌握《僑報》（《美洲華僑日報》（China Daily News））。《僑報》是美國版的《人民日報》，中共在美國的喉舌。《僑報》原為唐聞生之父中共秘密黨員唐明照1940年創立。因1950年代美國反華，怕被抓，回中

國。報紙繼續發行。該報股權，唐明照佔最大股，回中國前，把股權轉交董事會。1950年代後期，社長梅參天坐牢，去世時控股達九成，由遺孀雷桂英繼承，再嫁為李顧鴻，李繼任社長。1976年中共插手，恢復日刊，社長李顧鴻宣佈6月退休，同時決定聘譚某任社長兼主編。譚某常年經營中國代表團，終得厚報。

譚某兼任總編輯後，聯合國許多翻譯和打字員也趕著去兼無薪職，白天聯合國下班後到唐人街的麻沙（Mercer）街15號《僑報》上夜班。雖然辛勞，但是這些人或他們的眷屬在聯合國都很快升職。

當時中國是趙紫陽任總理，譚某多次到北京，由胡啟立接待。《僑報》全力支持趙紫陽。趙紫陽派員赴美訓練，投資買房。因擔心保守派知情反撲，秘密匯款，借用譚某名，成立十多家公司，包括蘋果電視台。譚某見錢潮滾滾而來，乾脆辭掉聯合國高薪職位不幹，經營政治關係。1989年六四天安門事件發生時，譚某陷入趙紫陽網太深，脫身不得。在《僑報》刊登天安門血屠城照片後，北京「僑辦」停止津貼，譚某掛冠求去，連帶把趙紫陽以他之名，購置產業，據為已有，中共無奈他何。

譚某改行做門窗生意。我退休以後有一陣子搬家到台北，聽人說譚太太來台北做牙齒，他太太是台灣出生的外省人，恢復台灣籍很容易。美國牙醫很貴，想必他們門窗生意沒有做好，最後連牙醫費也要節省。

以後的新《僑報》是由三個台灣人鄭依德、花俊雄和朱立

創奉中共之命另起爐灶,與譚某無關。這時聯合國中文處長已由北京直接指派,同時也來了許多大陸籍的翻譯和打字員;中文處由中共自己當權,不再假手代理人。

台灣幫

　　聯合國的台灣幫都是許登源的徒弟。許登源綽號「海外毛澤東」。

　　許登源是台灣大學哲學系殷海光教授的得意門生，出國前任他的助教，並代殷在台大上大一邏輯課。他與數學系助教洪成完響應李敖反傳統號召，在《文星雜誌》，合寫批評牟宗三的《玄學家的噩夢》一文。他們是先射箭後畫靶。牟是我老師，看後很生氣。牟宗三和殷海光是舊識，因玄學和傳統問題已與殷鬧翻，牟知道許登源是殷海光學生，不好自己出面，透過徐復觀，找我當打手，我作了一篇文章，發表在胡秋原的《中華雜誌》上。

　　十多年後，我從曼谷的聯合國亞太經社會調差回紐約總部，頂替朋友名義在羅斯福島的公寓暫住。羅斯福島在哈德遜河支流東河上，一面對著曼哈頓中城，另一面對著皇后區貧民窟。公寓興建時，紐約市政府強制面對皇后區的公寓為中下收入者。我住入中下收入區，他們多為拉丁裔，夜夜笙歌，無法安眠。

　　因喜歡羅斯福島環境，妻子動腦筋想買面對曼哈頓中城的高級公寓，多方打聽，在超市認識了許登源妻子陳妙惠，同是黃種人，屬於小島稀缺人種。陳妙惠很早就買下面對曼哈頓的

高級公寓。她先帶我們看他們的家,我初次見到許登源,我久聞其名,但沒有自我介紹。他那時在世界銀行界霸主的花旗銀行做事,地位是副總裁。公寓美輪美奐,精緻無比,怎麼都無法想像那裡是馬克思主義的巢穴。他們夫妻彬彬有禮,待人周到,我也無法聯想他們是無產階級戰士。

許登源離台赴美入柏克萊加州大學學哲學,通過許妻和許大弟子林盛中拉攏,在柏克萊與郭大雄過從甚密,郭是許讀書會的座上賓。許於1970年代創刊《台灣人民》時,郭積極參加編務,還愛上同為編輯的一位漂亮女生,禁不住同居人哭鬧,郭才與女生分手。許哲學學業跟不上,改往麻塞諸塞大學學電腦,取得碩士後,進入紐約花旗銀行從事銀行系統電腦自動控制的開發設計工作。

陳若曦七十自述《堅持・無悔》有一段話涉及許登源:

（1964年）在霍大（John Hopkins大學）,和（段）世堯一樣嚮往祖國的還有一位年逾四十的化工系同學尹夢龍,雖妻小在台灣,但獲准住在我們已婚宿舍裡,我們和蒙（韶）、尹（夢龍）是台大校友,「物以類聚」,時常聚會談論政治,主要談中國,蒙（紹）年紀最小,但是自稱讀過馬克思、恩格斯、列寧和史達林的著作,和一些「左派」人士有聯繫,儼然以「思想領導」和「革命先鋒」自許,言談間既有權威又神秘兮兮的。

為了「武裝自己的頭腦」並了解中共,我們組織了一個讀書會,定期在我家聚會並交換讀書心得;最重要的是蒙紹帶

頭讓大家學習「批評」和「自我批評」。……蒙紹說，刻在柏克萊加大念書的許登源也嚮往中國並研究馬列理論。我認識許（登源），也聽說他娶我中學同學陳妙惠，當即建議請他來指導一番，由我們給他買機票。

其時美國仍十分反共，我們搞讀書會，深怕被聯邦調查局知道，不禁自我約束起來，因為舍下是聯絡點，怕電話被竊聽，找許（登源）的時候，我都準備了一大袋銅板，到街上電話亭去打電話；相約定時回電，也打到同一電話亭來，許（登源）來巴鐵摩爾時，正值寒冬臘月氣溫零下的天候。我們怕惹人注目，相約去公園討論讀書心得，幾個人一字排開，袖手縮頭，頂著刺骨寒風，順著結冰湖邊繞圈走，談得激昂慷慨時，但見噴氣如霧，裊裊如煙，腳趾全凍僵了，但心卻灼熱如火。在蒙紹帶領下，我們每次聚會都要以共產黨人的高標準要求自己，在思想和言行上嚴格進行「批評」和「自我批評」。

在我們這個小圈圈裡，我很快發現一個現象，即批評別人容易，但是批評自己很難，而勇於擺出「一貫正確」者，往往先聲得勢，佔盡便宜。另外，我心直口快，很快就淪為眾人批評的對象。譬如對「工人無祖國」表示存疑，我便成為眾矢之的。我不反對「國際主義」，相信弱小民族和國家為求解放，必須團結並互相支援，但怎能沒有自己的祖國呢？圈裡人反問一句：「中國不就有商人無祖國的說法嗎？」「那只是諷刺商人唯利是圖的意思，不代表一個階級的統一行動嘛！」我以為，「這個和以蘇聯代表工人階級，要求共產主義國家都對

它效忠，程度上相差太大了！每個國家應該就是它自己人民的代表……種族、文化不同嘛，所謂國際主義只是精神上的一種理想……」獨木難撐大廈，個人哪怕擁抱真理，面對詰難也有怯場和氣餒之時，我頗有孤立感。即使親如夫妻，（段）世堯也不敢為我辯護一句。其時，共產世界有鐵幕之稱，而我們遠在鐵幕之外，也開始自己搞起鬥爭來了，只是當時渾然不覺而已。「理論再多也沒用，要實踐才行。」這是一致的結論。我們夫婦便甘願當實驗者。

　　許登源在紐約羅斯福島的高級公寓的大客廳成為華人左派的聚會所。許登源以其哲學的背景、理論的深度與對形勢的獨特見解，深深吸引了無數追求左翼理論視野的台灣留學生，不時從美國各地聚到紐約。而1960年代的海外台灣老左派如蒙韶、金寶瑜、傅偉勳等人也繼續聚集在他身邊，發揮很大的影響力。在當時中共革命路線的改弦更張與台灣民主運動的乍興，而左翼思想一時陷入混沌的情況下，許登源成了1980年代台灣左翼留學生的理論倚靠。

　　在許登源最輝煌時期，也是他最受中共重視的年代，1972年11月，他們夫妻應邀前往北京，與得意弟子台灣人林盛中三人一同起草了《對台工作意見書》，受到副總理喬冠華的接見，答應將意見書轉呈周恩來。林盛中就留在北京為官，心甘情願當中共傳聲筒，他最高職位是台灣民主自治同盟主席，2011年12月9日逝世，享年70，死前未見祖國統一，含恨而

終，曾撰《悼念我的良師益友許登源先生》，努力許登源恢復名譽。

1975年《台灣人民》登載李義雄的《臺灣牌社會主義》一文，北京定性許登源有獨立傾向，唯中國駐聯合國代表團李文泉參贊馬首是瞻的保釣分子隨之對許大肆圍攻，許成了落水狗；許立即墜入十八層地獄，郭大雄遂與其割席，老死不相往來。許登源因形勢變化暫時退場。這時，我有幸又與他在紐約布魯克林某教授家見過一面，他已不記得我。他對北京之圍攻，露出不滿，言詞有反北京傾向，如他說「北京統戰人員說什麼台灣人民當家作主，其實是他們（共產黨）當家，我們作『豬』」。

而後，傾向台獨的台灣人接續辦了《台灣革命》、《台灣時代》等刊物，許登源都有參與。1980年代開始許登源與蔡建仁合作辦了《台灣思潮》來面對新的形勢。同時許登源夫婦繼續以其一貫立場與台灣同鄉會以及台獨左派如洪哲勝等人保持著聯繫。

然後，台灣開放批准他回台，他認為台灣是共產主義處女地，大力宣傳共產主義，創立「《資本論》研究會」，將他畢生心血凝聚的《現代辯證法──〈資本論〉新說》文集在台出版，是台灣研究共產主義者標竿之作。許於2000年逝世。

許登源徹底失寵前，至少有四個弟子進入聯合國，其中兩名是翻譯，兩名是打字員。

學歷最高的是一名打字員，為數學博士，姓藍，曾參與籌

辦許登源的《臺灣人民》，1971年考聯合國翻譯失利，淪為打字員，再沒有去考。鬱鬱不得志，我初到聯合國，見他在阿花《台聲》上發表文章，大罵寫《莎喲娜啦・再見》的黃春明是賣國賊，因虛構故事主角黃君介紹日本人嫖妓。

　　許登源被定性為有獨立傾向後，藍被打成「許登源幫」，視為賤民，備受歧視。

　　他曾一度到中國，想以數學博士高學歷，娶妻生子，但是大陸接待人員發現他是打字員身份後，冷眼相待，他求親無門，僅待數月，空手而歸。他的一位台灣籍同事，學歷比他低，也去北京求親，因貴為翻譯，很快找到對象，不久帶回一位神似林青霞的妙齡姑娘，取代追隨他革命多年並育有齠齡嬌女的糟糠之妻，他原配藉保釣功勳已取得打字員鐵飯碗，與他同在聯合國大樓二十三層上班，偶爾不免照面，相對無語。不久，老蚌生珠，「林青霞」還為他生下麟兒，使他後繼有人。藍某在聯合國內，時常與人衝突。有一次伸手打人，公狀告到聯合國警衛部門，勒令提早退休，頒殘障金。他搬到聯合國對面的「都鐸城」（Tudor City）高級公寓，有人看到他白髮蒼蒼，獨坐在公園曬太陽。

　　另一位姓王，是台大物理系畢業，在報考翻譯時，先寫了檢討，承認是被許登源誘惑失足，但因切割得不徹底，代表團參贊李文泉似乎不太滿意，考上後，敘級一品（P-1），第二年須重考，僥倖過關，晉級一直落後他人。他被台灣幫如阿花之流的當權派，整得喘不過氣來，廣東幫、台灣外省幫跟進整

他，使他變得神經兮兮，獨來獨往，偶爾與我吃飯，因他太節儉和吝嗇，也無法長久。退休前升到三品，沒幾年就過世，幸好有女兒芝加哥大學醫學院畢業，晚景不算淒涼。

我有一次到維也納聯合國工業發展組織出差，去前已知那裡有一名曾是許登源弟子的打字員。到後，我與他初見面打個招呼。他的上司是來自紐約的曾經批鬥許登源的極左派五品官，有機會就找他麻煩。他看我來自紐約，也把我看成是極左一黨。後來到旅館附近一台灣人開的飯館吃飯，經老闆介紹，該打字員是常客，經老闆介紹，才與他做了朋友。他也是台大物理系畢業，而且是我同鄉台灣苗栗人。聯合國打字員薪水與大學教授同等，但是聽起來似乎很卑微，故他始終找不到結婚對象。我退休後常回台灣苗栗老家，打聽他家近況，友人說，他兄弟兩人從小以功課好出名，台大理工科畢業後都留美。哥哥得博士後，找不到好工作，到老未婚，白髮蒼蒼，回故鄉住他媽媽老房子，在苗栗國立聯合大學任教，照顧老母晚年。有一年，許登源苗栗弟子回台短住，知我回台，託人轉告願意見我。我打電話與他約好時間，特地從台北趕回苗栗，與他長談三小時。

他對我幾乎有問必答。我首先問他關於他因許登源案被鬥的經歷。他談起來，事隔三十年，仍然心有餘悸。左派的圍攻是彌天蓋地而來，無所逃於天地之間。他說郭大雄在鬥爭會上帶頭批判他。他愈說愈激動，我怕他興奮過度，無法收拾，趕快把話題岔開，轉問他退休後，如何在維也納打發日子。他

說，已在維也納買房獨居，退休金足夠維持生活。我問他有沒有朋友，他坦然答說沒有。那平常幹什麼來消磨時間呢？他說在專心研究問題。我追問，什麼問題。他似乎認為我問對了問題，於是敞開心坎，滔滔不絕，跟我大談他的發現。他說他是法輪功信徒，自己雖不練氣功，也不參加法輪功的示威，但他精通英文，也通德文，他相信神蹟，因此遍尋各種基督教談神蹟的書來讀，愈讀愈覺得有道理。他說，歐洲各地的神蹟與法輪功的神蹟是相通的。

他相信有的人是有神性的，因而具有神通。「*法輪功教主李洪志是真佛轉世，江澤民整他，是不怕死了？*」彼時，江還沒死。近聞他與住維也納苗栗出身的女友同居。我祈願這兩個七八十歲同居的老年男女天長地久。

最後一位許幫餘孽在紐約時投靠台灣當權派阿花，對1975年新來乍到紐約的我施加高壓，使我落荒逃往非洲。不久他自己如願攜低學歷義大利裔妻子，調往日內瓦，此後再也沒有見過面，不過聽說他在日內瓦一帆風順，養育混血兒女。

廣東幫

現在台灣人對香港反送中的反共記憶猶新，曾幾何時，1967年香港也有過反英暴動，歡迎中國共產黨來治港。

反英暴動從1967年5月和平罷工開始，左派學生積極參與。港英警察鎮壓，將事件推向暴動，直至12月左派分裂而告終，導致15人被炸彈炸死，被捕者達4,498人，其中2,077人定罪。

香港左派有愛國學校如勞工子弟學校、香島中學、中業中學、漢華中學、福建中學、培僑中學等。左派學校，絕大部分只上到中五課程。武究勢在《從獨立思考談到左派學校的教育》談及香港左校說：「緊跟中國共產黨，不但行動要統一，思想也要統一，那容得獨立思考？……學校思想教育，長期以來都要與《文匯報》保持一致，偶有異見便被視作落後，甚至反動。」

香港左派有錢人念中學送歐美，無錢者才進左派學校。香港中學最高級的是英文中學，次之為右派中學。左派中學畢業生受社會歧視，就業只能到國營（中共投資）企業，待遇很差。有點辦法的都自力赴美加留學，以打工或獎學金維持生活；有錢的還留學法國。港英政府絕不僱用左校畢業生。

保釣時美國香港留學生極左尤過於台灣留學生，但拋頭露面的保釣領袖拋頭露面者多為台灣人。香港學生無後顧之憂，

他們持英國國民（海外）護照，若不能在美國就業，也可回香港發展，或轉移加拿大或西歐國家，不像台灣留學生，護照一旦被吊銷，歸路無門。

　　中共決定在聯合國收留保釣人後，則不管台灣、香港或其他國家，兼容並包，除非本人已有安排外，一經各國大使館或左派推薦，全部收容，若有博士學位，不經考試，直接聘為專員，經翻譯考試，通過者為翻譯員，失利者打字員。

　　直接大使館推薦者，僅知有一位。他是在加拿大留學的香港人。中國與加拿大1970年10月建交。他學電機，懂電器。中國使館初到加拿大，對外不信任，裝設電器如電視等不敢使用加拿大電工，他主動去幫忙，卻因此遭受加拿大政府不利的對待。他回港後保持與使館聯繫，兩年後，聯合國招考翻譯，加拿大大使館特別通知他去報考，成了中國進入聯合國後第一期考進的翻譯之一。

　　國民黨時代的中文科，雖有廣東人，人數不多，位置不高，大致與台灣的蔣介石政府其他衙門相似，他們政治很敏感，懂得見風轉舵，對金錢很在意，因此不惜委屈自己，謀求升級和更多的退休金，退休後仍千方百計，謀取零工餘活，賺取額外利益。

　　聯合國開始吸納保釣分子時，只有少數香港留學生進入。中文處逐年擴大，繼續招收翻譯，理工出身之香港人，聞知聯合國待遇優渥，也紛紛報考，人數漸多，百人翻譯、打字員中佔其大半，廣東幫蔚然成形。

廣東幫非常團結，彼此相互照顧，不像台灣出身者還分台灣人、外省人。

彭生是香港左派中學出身，曾向我詳述在香港與港英鬥爭經過，他坐過牢，吃盡苦頭，恨帝國主義入骨。我與他曾有深交，後來發現與他性格不合，就漸漸疏遠他了。

有一處長秘書，稱「帕特特莉亞」，說普通話有廣東腔，原來與我沒有交流。我退休後十數年，2011年3月11日日本發生東北太平洋發生海嘯地震，為避難，搬家紐約，在中城離聯合國總部不遠處處租一公寓，加入青年會健身部，做瑜伽，各種有氧體操。在「尊巴（Zumba）健身舞」班上偶遇她。她半年住香港，半年住紐約，兩處都有公寓。她公寓與我租房毗鄰，差不多每日見面。談起過去事，她誤以為我也是保釣極左一派，故保持距離。她有一女，已長成，公寓歸女兒，來紐約借助而已。夫為猶太人，早逝。她說，她香港英校高中畢業，來紐約遊玩，先認猶太先生，後見聯合國招募通英語和中文的秘書，她應試合格。不久，聯合國中文處大批保釣分子湧入，內部經常開會批鬥，有人還罵她嫁洋人是賣國求榮。此後，她與所有新人都保持距離。

有一口譯姓費，是中共在香港喉舌之一《大公報》社長費彝民兒子。他年紀較我小，大家都按大陸人的叫法，叫他小費，我也跟著這樣叫他。他也似乎不在意。

我初見他是從日內瓦出差來非洲肯亞奈洛比，我是長住。我知道他還單身，正好我們中文科有一位長得非常漂亮的打字員，來自北京，也是單身。她似乎曾向我暗示想找對象，我沒

有多想,只覺得他們郎才女貌,天生一對。我直截了當,向他提起。他來我辦公室看那位女生。他沒有答覆我,但我知道沒有看上她。回頭想,我太天真,沒有顧及他們學歷及背景。男方是高等學歷;女生經歷文革,大不了是高中畢業,外表雖然亮麗,讀書不多,也不懂打扮。經歷此事後,小費似乎對我親近,聊了幾次,都言不及義。

幾年後,我出差牙買加首都金斯敦,住飛馬酒店。聯合國出差按例是當局代訂機票(公務艙)酒店(五星級),另外再加餐飲費。餐飲是現金入袋,我是鄉下人,能省就省,吃飯都到酒店外的小中餐館,又便宜又合口。我從外面吃飯回來,見小費坐在吧台飲酒。他見到我,向我招手,我上前寒暄。這時我在美國已住了幾年,見過世面。對我仔細觀察他,他非常講究衣食,顯然是富家子弟出身。果然,聯合國口譯雖然收入不菲,他沒有幹幾年就棄之如履,回港繼承父親龐大產業。

我從費彝民女兒費斐在他父親死後所寫追憶文知道費彝民有子女五人。她說她父親「非常注意培養我們樹立正確的國家觀。1963年暑假,父親精心安排我們兄弟姊妹五人,由長兄帶隊,開始了以北京為起點的國情之旅,行程遍及延安、韶山、上海、南京和杭州。在京期間,周恩來總理和夫人鄧穎超百忙中在中南海設家宴招待我們這個『娃娃團』。總理語重心長地教導我們『出污泥而不染』,更要求我們『心懷祖國,放眼世界』,臨行前,總理還叮囑我們響應晚婚。」

她又說:「上大學後,我們分隔東、西、南半球。哥哥在

法國,三弟在英國,四、五弟分別去了加拿大和澳洲,而我一個人在北京。」我所說的小費應該是她留英「三弟」。

紅色地產資本家女兒彭氏姐妹二人,一為中文處筆譯,丈夫法國人。另一位為口譯。筆譯者據曾在日內瓦工作的葉俊成回憶,他曾參加她公寓舉行的學習毛澤東思想的讀書會。那時,她仍是學生,還沒有考入聯合國。她的公寓,在日內瓦高級區,寬敞舒適。葉俊成跟我一樣都是來自台灣的低層社會,雖然他後來也講究吃穿,喝紅酒,吃西餐,畢竟收入有限,比我略為高級而已。

彭筆譯從日內瓦考入聯合國以後,來紐約總部就職。她穿的都是高級貨,吃飯不與其他同事混合,獨來獨往,與其他同事很少互動,一副可憐富家小女樣。只有該新加坡女打字員廖雪妃常往她家。據她轉述,她住威切斯特最高級區,有長住管家照料起居。

關於彭筆譯的另一逸事是我出差非洲時,與同行的打字員外號麻將大王者,成了好友。他告訴我,他有一次出差日內瓦,在聚會上與彭筆譯同桌,談話投機,他提起他回美要經過香港,住幾天,彭接口說她香港有空餘房間,她媽媽可以接待他。他因為可以省旅社錢,欣然同意。他到香港後,按址找到她家,她母親立即叫司機送他到海邊別墅。他住入後,才知道那裡除了傭人外,沒有別的住客。他打開窗戶一看,三面環海,彷彿浮在海上,富貴逼人。他是台灣出來外省人,在台灣時,豐衣足食,在我入聯合國前,憑國民黨關係進入聯合國當

抄寫員。還好他長得體面,談吐風雅,與富人交往,不顯突兀。不過,他說他住了一晚,還是藉詞搬入旅店。隔了幾年,他獲知彭筆譯母親來紐約,他傾其財力,在紐約最高級餐館請了她母親一頓飯,才算回報了她的盛意。

新加坡人

最近偶爾在機場和外國碰到新加坡人,他們都會很自豪地說,他們是新加坡人。若追問他們何以會說中國話時,他們也會略帶羞澀地說,他們祖先是「華人」,但是他們的國籍是新加坡。

這與我在聯合國中文處所遇到新加坡人完全不同。我的新加坡同僚都自認是中國人,有的人持中國人民共和國護照,而且大罵李光耀。

他們都是精神上的「馬共」(馬來亞共產黨)。中共扶持馬共。第二次世界大戰期間,英軍與馬共合作對抗日本,迄二戰勝利,英國回朝,李光耀與馬共合作,趕走英過殖民主,得權後,鎮壓人民行動黨內的原馬共如林清祥和方水雙等。新加坡獨立,馬共淪為非法。

中文處80人中有四位來自新加坡,兩位翻譯,兩位打字員,閩南和客家各半。

最突出的是黃詩翁,他以《楚辭》得法國巴黎大學博士學位,考取翻譯後,任職紐約,極端愛(中)國。

文革後期,他到中國大陸,見朝氣蓬勃,一片新氣象,發而為詩曰:「八一到中華,心潮湧浪花,工農團結緊,軍民是一家。」

他任職翻譯,憂悒不歡,毅然棄聯合國翻譯高薪如敝屣,回新加坡,續寫革命詩,出詩集多冊。他的《瀏陽河》詩,歌頌新中國,中共官方大力推薦,讀者很多。

中國大陸記者劉士傑2001年訪問新加坡,黃詩翁來迎,坐入車中,音響喇叭即時響起《義勇軍進行曲》。他推介黃詩翁近況:「適民先生祖籍廣東潮安,1941年生於馬來西亞吉打州。1966年畢業於南洋大學中文系,獲文學士學位,後來負笈法國,先後獲巴黎大學文學碩士及博士學位。他曾在聯合國任翻譯,歷時五年。因為熱愛華文詩歌,決心獻身於華文文學事業,遂毅然放棄聯合國優厚的待遇和舒適的生活,回到新加坡,創辦《熱帶文藝》和《海峽詩刊》兩種刊物,並兼任國際翻譯出版社社長。

在新加坡這樣號稱亞洲四小龍之一的經濟發展較快的國家中,流行時尚文化佔絕對優勢,純文學刊物的處境可想而知。這一點和我國情況很相似。適民先生辦這兩種刊物,可謂慘淡經營,舉步維艱。我曾問他離開聯合國是否感到後悔?他說他至今不悔,因為中國是他的故國,華文文學已成為他生命中重要的一部分。如今這兩種刊物已成為東南亞、臺港澳影響很大的華文文學刊物。

到適民先生家作客,你不會感到是在異國他鄉,而彷彿是在國內的一位朋友家。一進門,一股濃郁的中國民族氣息撲面而來。牆上的字畫、架上的中國工藝品都無言地訴說著主人的中國情結。開啟電視機,適民先生在一天的大多數時間都鎖定

在一個頻道,那就是中國中央電視臺4臺。所以他對中國的情況瞭如指掌。適民先生性格內向,沉默寡言,可是有時也會和人激烈爭辯,那多半是在與中國有關的問題上。他不能容忍哪怕一點點對中國的非議,為此,他會和人爭得面紅耳赤。如果是屬於誤解,他就會耐心地向人解釋。

他的國籍雖然屬於新加坡,但是在維護中國主權和聲譽上卻不遺餘力。朋友們開玩笑,說他是『中國編外的外交官』、『新加坡籍的中共黨員』。我去新加坡時,正值美國軍用飛機撞落我軍用飛機的事件發生後不久,他強烈譴責美國的挑釁行為,駁斥美國為掩蓋事實真相而散佈的種種謊言。口誅之後,他還要筆伐,專門為此事件寫了一首詩。

適民先生曾多次到中國,1980—1982年還應聘到北京外國語學院任法語專家。在北京生活的兩年,是他人生中最美好的歲月,他至今猶十分眷戀。

他說,儘管以後他又多次到北京,但是那感覺是不同的。短短的幾天訪問,人家把他當客人接待;而兩年的生活,使他有一種成為中國公民的感覺,有一種主人的感覺。」

另一翻譯姓葉客家人,見風駛舵,善體人意,歸屬廣東幫。

打字室頭頭中英文皆佳,工作也非常認真。他最後連續升級,至事務員(general service)類最高級,薪水與中級翻譯不相上下。聯合國有內部考試,鼓勵一般職員經努力後可以升任官員(officer)職位。許多打字員程度好的人都去考翻譯,而且都考上,他何以不考翻譯,至今仍是謎。多年後他去參加新

加坡大使館獨立日慶祝宴，他向使館人員請求回國探親，答覆是像他這樣過去極左派分子，現在還是暫時不宜。

打字員洋名「南茜」，家世富裕，在新加坡除了上華語（北京話）學校外，日本天理大學畢業。因她小時佣人有說廣東話者，說閩南語者和馬來語者，故她通多種中國方言。因愛上一反李光耀的積極左派，隨他離家，赴德留學，此後與父母斷絕關係。左派丈夫志在革命，功課跟不上，移居美國，還是整天參加左派學生運動，無心上學，生活費用都靠南茜打工維持。

她為他打胎，從此不能生育。她身心俱疲，下定決心離開她，通過左派朋友推薦，進入聯合國當打字員。開始與打字室頭頭要好，多年後頭頭嫌她不能生育，另找結婚對象。頭頭離家，將同居的曼哈頓上城公寓過戶給她。該公寓後來價格大漲，她儼然成小富婆。

中年通過介紹，終與一夏威夷出身的不會說中文的華裔結婚，婚後生活美滿。丈夫是電腦技術員，雙薪收入，在紐澤西州另購獨立家屋。雙方沒有子女，乃在中國領養了一位女嬰。

領養過程歷經艱辛，因他們不是白人。女嬰在孤兒院大概沒有受到充分照顧，到美國時，心理有點障礙，經過很長一段時間才調整正常。

林雲

　　我大學一二年級時段，沉迷新儒家大師牟宗三的玄學，此後數十年斷斷續續都在研讀佛教書籍，目前還在練瑜珈，研讀西洋人的瑜伽著作。

　　我不相信形而上學、超越理性或怪力亂神。世界上現在還有許多神秘現象，但我努力用科學理論來解釋它們。

　　我平常喜讀極端迷信事例或書籍，不管是報導性，分析性或理論性的。凡有機會接觸迷信，我必勇往直前，一探其究竟。

　　1975年我初到紐約，住在聯合國大廈對面的都鐸城，那時還是單身，獨居無聊，每天下班，我都步行到鬧區時報廣場閒逛，吃牛排和看電影。有一天星期五週末傍晚，我剛出門下樓，昏黑中有一年輕白人女子，朝我走來，那一帶常有站街女郎拉客。我正想閃躲，她先開口說，我不陪你睡覺，我只是想跟你說說話。我反正無事，停住腳步，她問我你對信仰有沒有興趣。這話立即引起我共鳴。我說有，又情不自禁加上一句，「我是研究宗教的」。她說，「我是基督教統一教會的，你願不願意跟我去見識一下我們的宗教。」我見她一介文弱女子，即使打劫我，我還可以應付，而且它長相清秀，怎麼看都不像是惡人。

　　我說好。於是我們邊走邊聊，朝向第五街走去，她問我信神嗎？我答說是無神論者。她似乎具有大學以上程度。我們

談得相當投機。一會兒轉入第五和第六街一間大教堂。那一帶我常經過，就是沒有注意到那裡有一座教堂。入內，裡面黑壓壓都是人，三五成群講話，那位小姐沒有離開我，一直陪伴我身旁。她帶我教堂椅子坐下才離開。我與其他人排排坐，大多數是年輕白人，男性居多。上台演說的是中年白人，口才非常好，與真正的牧師一樣，宣揚神的存在，勸大家要信神，無一語談到他們是統一教派，也無一語及於教主文鮮明。約二小時，演講完畢，有人來問是否有人願意參加兩天的訓練營活動，免吃免住，星期天下午回來。我這個週末沒有其他事，就舉手報名參加。跟我同樣報名的人很多。於是把我們裝了三個巴士，在黑夜中浩浩蕩蕩向郊外開去。我剛到紐約不久，也不知道是開往那個方向。

那位勾搭我的小姐一直坐在我身旁，我轉眼四望，車上的其他乘客與紐約街上的遊蕩的蹦蹦跳跳青年不同，都是打扮樸素的老實人。所以，我也不怕會被搶劫或綁架。我不斷向小姐打聽統一教會教義和內部情況，她似乎不太願意回答這一方面的問題。我說我想研究你們的教義，你總有什麼宣傳品吧？她說我們有自己的聖經和內部教材。我說能不能給我一份，她說那是很貴重的非賣品。我說我高價買總可以吧。她被我纏得不得脫身，說好吧，等下車後，我給你弄一套來，要四十美金。我立即先掏了四十美金奉上。

談談說說，經過大約一小時，車子停在黑漆漆的操場上，只有操場四周柱子上面的燈泡發出微弱的燈光。我們被引進一

座大帳篷,桌子上已準備了簡單晚餐,自由取食,然後進一間大廳,由另一位牧師為我們晚禱,時間很短就讓我們洗刷,入帳篷就寢,上下舖,各種用具配備齊全。第二天開始連續講道,講師清一色是衣著樸素白人,態度誠懇,每提到文鮮明,都淚流滿面,說他的名字說,「文」的(韓語拼音)是Sun,「明」是Moon,姓名包含日月,是耶穌親弟,宇宙之王。聽眾鴉雀無聲,似乎都很感動。我覺得是粗糙的洗腦,聽了一上午,我趁午飯後,踱出園外,沿進來車道下山,終於看彎彎曲曲的馬路,沿馬路向光亮方向走去,到了交叉路口,東張西望,只看到一間假日旅館(Holiday Inn),沒有找到汽車停車牌,卡車來來往往。我又走回營地,再繼續接受一天半的洗腦。閒來翻閱小姐給我的資料,其中一冊精裝本,外觀與基督教聖經一模一樣,內容卻與聖經無關。我愈聽愈感無聊,別無他法,如入監服刑。好不容易,刑期服完,回到公寓,如釋重負,噓了一口氣。

　　隔了好多年,我從非洲紐約,小孩子要上幼稚園,郊外空氣好,空地多,我買下艾文屯(Irvington)一間獨立家屋,走路可以到火車站,一小時內可以到紐約中央車站,然後走路15分鐘到聯合國大廈。女兒上了小學,回來告訴母親,同班新進好幾個日本同學。因為女兒從小跟母親說日語,我插嘴說那不很好嗎?妳可以多交一些朋友。艾文屯是猶太人村,猶太人很多,他們抱成一團,很難打進他們的圈子。這些人日本小孩,穿同樣的衣服,帶同樣便當上學,不與其他人一起玩。我看《紐約時報》之後知

文鮮明隱居艾文屯,連同自住豪宅外,鄰近房屋都是他房產。文鮮明雖是韓國人,高級幹部都是日本人,信徒也以日人為多。他為每一位信徒配對,高調舉行集體婚禮,曾上了報,很多可能都是我在教堂見過的老實白男人和內向日本女人。

　　我家後院有一條巨大水管,從北邊引水直通紐約市。水管兩旁森林茂密,我常沿水管散步。往北走不到二十分鐘,就看到以前見過的那家假日旅館,沿小路往下走不遠是柏油村(Terrytown)火車站。當年我若聽到火車行走聲或進入假日旅館問有否有交通工具進城,就不必多受一天的洗腦之苦了。

　　這是我深入異端邪教的唯一親身體驗,為理解何以許多高級知識分子沈迷邪教的心理,我長年保持閱讀各種迷信殺人的報導和書籍。

　　我發現邪教必有一個迷惑眾生的教主。迷惑眾人的魅力稱克里斯瑪(Charisma),字源源於基督(Christ)。耶穌基督就是魅力無限的教主。

　　克里斯瑪又稱「政治性感」(political sex appeal),與美男美女之迷人無異。教主之吸引人潛在也是性感。所以納粹黨人軍服是德國最出名的服裝師所設計。

　　男女一見鍾情原因很多,其中之一就是多巴胺(dopamine)的分泌。古巴革命偶像切・格瓦拉(Che Guevara)迷倒多少革命青年就是由於他的性感。自願的個人崇拜與愛上一個人沒有區別。

　　當然,人有偏好,正所謂情人眼中出西施,除了「多巴

胺」內分泌外，還有文化，出身，時代和宣傳等其他因素，助成決定了他的愛慕和崇拜對象。習近平加持之後，毛澤東已恢復他的魔性吸引力；1970年代中期，日本興起毛澤東熱，我一位左派日本朋友對我說，毛澤東是他所見最性感的男人；美國新潮畫家安迪‧沃霍爾（Andy Warhol）所畫「毛主席」，與他的最性感女星瑪麗蓮夢露，並稱性感雙璧，曾於2017年4月3日在香港拍賣，創1260萬美元高價。日本「奧姆真理教」教主麻原彰晃製造沙林毒氣在地下鐵無差別殺人。他長相奇醜無比，是半盲人，但是他除妻子外，有傾慕他的愛人數百人，他自己不學無術，但是他的徒眾很多是東京大學的優秀畢業生。

1971年日本赤軍「赤軍」創始人重信房子逃亡黎巴嫩，發動多次恐怖襲擊，後與巴勒斯坦恐怖分子結婚，所生女兒正活躍於媒體界。後來回日投降，被判二十年監禁，兩年前刑滿出獄，最近還出版《巴勒斯坦解放鬥爭史：1916-2024》，她年已過八十，我仍覺得她仍魅力無限，多年前曾為她寫傳，發表於香港《七十年代》雜誌。

美國左派運動類似宗教運動，聯合國內我所見左派狂熱的程度與統一教會信徒沒有太大區別。狂熱很難持久，狂熱冷卻之後，「多巴胺」頻發症者常常會另找對象去純純的愛。

聯合國總部內華裔職員，保釣之後進者，很多是林雲信徒。

林雲成名是我1970年離開台灣以後，我先認識他的衣缽傳人空行母仁波切朱筧立，然後才見大師的廬山真面目。

1975年我從東京飛抵舊金山，先去拜望介紹我進聯合國的

朋友。朋友為我安排了一大群左派朋友為我接風。座中一位標緻女士，是我東海大學校友之妻。朋友介紹她叫朱筧立，任職任職美國高科技生物醫學工程公司財務主管，是有薪階級，衣著華麗，目中無人，高談闊論，與其他還在畏畏縮縮苦讀博士的眾男士成鮮明對照。

　　進聯合國不久許多同事都哄傳林雲大師光臨某會議廳演講，我當然不會錯過機會，與一位虔誠信徒同往。他在黑板上寫一「道」字，解釋它的字源。我多年研究漢字的文字學，他完全不知傳統的象形、指事、會意、形聲、轉注等說法，胡亂加上風水的含義，他說漢字「道」的造字本義就是如此。

　　他可以創造新說，但不能沒有證據地替古人代言。我聽了大生反感，不過，他兩旁坐了一排美女，對他畢恭畢敬，朱筧立在座，還有一位白女人，後來得知是他的洋弟子羅四維（Sarah Rossbach）著有 Living Color 和 Feng Shui Design 英文書。

　　他後來又來了多次，都造成聯合國內部華人轟動，我也都去看戲。有一次，在會上看到郭大雄坐在下面，大概有人告訴他郭大雄在座，開金口，大捧郭，眾人目光集中郭，郭也面露得意之色。

　　他的一位虔誠信徒曾是我好友，他家電線老舊，不慎起火，燒毀客廳一角，平日他熱心反日，沒有按時繳納房屋保險，損失慘重。修復房屋期間，借住我家二樓。那時還沒有手機，他半夜必與舊金山的大師通電話，請教如何避邪改運，一打就是半小時以上。我家女兒要上學，妻子不勝其擾。一星期

後才搬走。隔不了半年，大雪壓斷老樹，老樹壓垮他家剛修復的角落。這次他沒有要求我借住，可能輾轉聽到我的抱怨。

另外兩位也是大師信徒，也兼信秘方，不肯看西醫。其中一位太遲開刀，導致半身不遂；另一位則年不到五十中風早逝。

1981年以後進來聯合國的大陸籍職員則有不少是練法輪功者。江澤民大力掃蕩法輪功後，法輪功依然寄生聯合國。他們曾得工會代表郭仲德幫助持有長期合同護身，所以毫不遮掩，北京莫奈他何。

一位法輪功女學員，是大陸空降處長的秘書，前夫是逐字紀錄翻譯，應該是有共產黨背景的。在江澤民鎮壓法輪功前，他們夫妻已是虔敬學員。聽說她後來與打字員有三角關係導致離婚。我東海大學出身的一位同事死前，有一次與她一起出差到委內瑞拉首都卡拉卡斯（Caracas），其他同事見他們兩人親熱異常，同進同出久久。該東海中文系畢業生，比我低一年，大學時代妻子投懷送抱，赴美才辦婚禮。據他自己說，從沒有其他女人經驗。這可能是他唯一一次外遇，不過他膽子不夠大，沒有鬧出婚變。我聽旁人說她在人前誇獎我，我退休後有一年到紐約短住，閒得無聊，就約了她就近義大利飯館吃午飯。

兩人對坐，我已發現她眼圈佈滿魚尾紋，徐娘半老，風韻不存，已不復當年的冰山美人了，我還沒有開口說幾句話，她就向我宣傳法輪功。我說，我已經讀過能找到的所有李洪志的著作了。

她默然，我要她多談所受中國政府壓迫，他不願，只說

她不怕壓迫。我問她能回（中國的）家嗎？她說不能，她已死了回家的心。閒聊了一會兒，沒有其他話題，吃完飯，泱泱而別。不久，接到她來電，說已經為我預定了神韻藝術團紐約演出戲票。我說我沒有說要去看啊！後來一想，反正無聊，去也無妨。問她票是免費的嗎？她說，你是貴賓，我給你買的是最貴前排的票，五百美金一張。我大吃一驚，那明明是敲詐，就說，我已多年脫不關心政治，神韻每次公演都有中國大使館的人去給觀眾照相，若坐在顯要座位，那我以後連香港也去不了了。她似乎要發火，我立即就把電話掛斷了，她後來還在共同朋友前大罵我。

　　左派其實屬於迷信一類。教理簡單，信者恆信，不信者恆不信。信徒腦筋簡單，反應也異乎常人，他們長期被洗腦，來到資本主義世界後，依然自閉，自以為是，他們有自己的世界觀，有自己的行為規範與文明世界格格不入，嚴重者，還要改造現在行之有效的秩序，使人人成為奴隸才稱心如意。

烈士

　　文革期間，中國並不歡迎留學西方的台灣學生到中國就業，因為中國正強烈反西方，擔心他們的精神污染。但是這些台灣留學生霸王硬上弓，用各種方法，強迫中國接納他們。他們回去的初衷本來是要做建設社會主義祖國的螺絲釘。

　　保釣前美國左派海龜有戴新生、陳若曦和段世堯夫婦、郭子嘉等人。

　　我在台灣中研院史語所當助理員時，住在中研院後門單身宿舍樓下。雖然吃飯都同在餐廳，可能是我生性內向，也可能是隔行如隔山，與同宿舍的人來往不多。久而久之，樓上來了一對兄弟，在數學研究所，傳聞是數學天才。他們沒在數學所待多久，已前往美國哈佛大學留學去了。我到聯合國後，我才發現這對兄弟是戴新生和戴永生。弟弟戴永生跟我在中文翻譯處同事將近兩年，妹妹戴渝生則在打字室當打字員。

　　我從聯合國非洲總部回美，戴永生已經離職，到美國一間小大學教書去了。他哥哥戴新生得博士後，差不多與段世堯和陳若曦同時回歸中國，在科學院數學研究所和清華大學任職。我1979年到北京，跟張北海一起去見他。他是一心愛國，無怨無悔的篤實君子。跟他相聚數日的談話裡，我只聽到兩個怨言，一是陳若曦把他名字寫入小說《歸》，造成他很大的困

擾；另一是他想在清華大學教研究生，把生平所學提高中國的數學水平，但是黨委不放心他，怕學生思想受到污染。那時中國還行配給制，我獲知他們買不到豬肝，還特地到友誼商店買豬肝送給他。

弟弟戴永生在哈佛參加保釣運動，肯定與他哥哥愛國行動有關。他離開聯合國，是否也與哥哥在中國之鬱鬱不得志有關，則非我所能知了。不過，他妹妹仍在聯合國當打字員，與我有些來往。偶爾會聽到戴新生的消息。譬如戴新生女兒後來來美留學，妻子喜歡美國，搬來與女兒同住，畢業後在華爾街就業，戴新生雖常從中國來看望妻女，但他始終沒有在美國留下永居。

陳若曦的第一任丈夫段世堯原是國民黨軍統看管張學良，夫妻兩人搬到中國大陸後發現對共產主義的信念不足，受苦一陣子就中途退出。陳若曦出來之後，在自由世界生活若干年，依然回歸大陸投資，因與寫《叫父親太沈重》的艾蓓為友，受周恩來義子李鵬排擠，不准回大陸，才在台灣落籍終老。

海歸回歸人物中我印象最深刻的陳抱芳，她既與我在東海大學同校、聯合國中文處同事。她與丈夫張昭慶涉及1980年台灣葉島蕾匪諜案。台灣警備總部提起公訴，求處死刑。起訴書說：

葉島蕾於民國六十三年九月，自台灣赴美國明尼蘇達州州立大學修讀碩士學位。她抵美後，與叛國分子黃國民過從甚密，經他介紹認識共匪分子張昭慶、陳抱芳夫婦，而經常在張

匪夫婦住宅內，閱讀匪黨書籍及觀賞匪偽影片，並接受張匪夫婦匪黨思想的個別訓練，受其蠱惑，致熱衷於共匪藉口「統一」對我進行顛覆之陰謀。她曾為匪刊物《驚蟄》撰寫所謂「蔣幫三外政策」等文，散播攻訐政府謬論，且將其閱讀「毛澤東選集心得」、「解放台灣，統一中國」、「群眾路線」、「聯合陣線」、「青年運動方向」、「階級劃分原則」等匪書重點作成筆錄，及撰寫心得報告，交與張匪夫婦。

民國六十六年初，張匪昭慶夫婦遷居紐約，葉島蕾遂轉受共匪分子宋恩榮指導訓練。那年六月，她放棄學業，離開明尼蘇達州，前往紐約張匪昭慶夫婦住處，接受他們夫婦傳授匪黨理論思想及工作作為進一步的訓練，張匪昭慶並且告訴她，已將她的真實姓名報告匪偽「統戰部」核定，納為工作成員，表示將派她返台為匪工作，經她首肯。其間，葉島蕾又為張匪昭慶夫婦修檢破損的匪偽宣傳影片，學習沖洗技術及協助製作匪偽影片字幕，民國六十六年八月，張匪昭慶囑葉女將匪黨理論「矛盾論」、「新民主主義」、匪偽《憲法》等書籍製成縮影膠卷，並購白、藍涼鞋各一雙，將膠片二十卷藏入涼鞋的鞋跟空隙內，以備密攜返台後工作之用。

民國六十七年四月返台臨行前，張匪昭慶即交付以下四個任務：（一）靜心工作，先求穩定，再求發展。（二）做好群眾基礎。（三）經常收聽匪播，以便了解匪偽狀況。（四）藉機為匪宣傳。雙方並約定聯絡暗語，例如：來信謂「去歐洲」，即表示張匪「入匪區」，信尾署名「小豬」及信封不書

寄發正確地址,即表示為葉島蕾所發信件,如在台工作訓利,則書寫「好好生活」,如安全發生危險或身分有暴露可能,則僅以「白紙」一張,郵寄香港聯絡人姚釩轉達。

那年四月廿四日葉島蕾返台,途經香港,為往後收聽匪播方便,在港購買收錄音機一架,抵台後經常收聽匪播,並先後在台南「振聲」汽車零件工廠、「三億」鐵工廠、高雄「生命線」及台南崑山工業專科學校等處工作,因不諳台語及接觸的同事對匪均有排斥現象,致其為匪宣傳工作,未能積極展開。去年八月間,葉女遵照張匪昭慶意圖寄發匪宣傳品之用,將載有機關首長姓名、住址等通訊資料的「台南公務關係手冊」,交與自港返台的聯絡人姚釩攜往香港轉寄張匪昭慶,又多次蒐集有關台灣政治情勢的報導資料,寄往香港姚釩或逕寄美國張昭慶等人,執行為匪工作的任務。案經警總保安處查覺,移送偵辦。

警總提供的證物不過是葉島蕾在香港買的收錄音機、寄往海外的手冊、自美攜返的毛語錄拆散頁、在美研讀匪黨書籍的筆記簿、密藏匪書縮影膠卷的女用涼鞋、二十卷縮影膠片等。依照起訴書的標準,幾乎所有留學生都犯了通匪死罪。

1979年蔣孝武入主台灣國家安全會議,特務愈加囂張,最後演成海外暗殺江南大案。從起訴書看,葉島蕾案完全是羅織而成,無中生有。目的是殺雞儆猴,警告海外留學生參加左派活動者。警備總部只是打手而已。當時的警備總部副司令女兒

因參加紐約大學石溪分校的左派運動，由吳永康推薦進入聯合國為打字員。她參與左派活動比葉島蕾的罪行要嚴重得多。負責起訴者可能另有其人，副司令也可能無能為力。

葉島蕾有罪判處有期徒刑十四年，服刑六年又兩個月，於1986年出獄。

陳挹芳以美國天普大學化學碩士，當聯合國打字員，自是屈就。平日我偶爾看到她，她都憂悒不歡，可能受葉案影響。

她於1982年海歸任職於中國科學院生物物理所；同是東海大學物理系畢業的丈夫張昭慶，獲賓夕法尼亞州大學物理學博士學位後，找不到適當工作，在紐約左派商店「大慶公司」任職。「大慶公司」進口中國竹籃等工藝品，屬於保釣愛國者的集體事業，因人多口雜，紛爭不斷。1976年美國中情局懷疑他們的資金來源，在紐約約談我認識的印尼華僑商人名費者也從事同類貿易，是獨資，故很單純，費站在華人立場，還為「大慶」辯護。

張昭慶既學非所用，又受到中情局騷擾，苦惱不堪，貨倉因房地產升值賺錢後，股份被左派某用計一人獨吃，他沒有得到好處，失望之餘，先行於葉島蕾回台之前一年海歸，任中國科學院物理所研究員。他們夫妻團圓，又回到嚮往的樂園祖國。

天安門事件過後沒有幾天，陳挹芳突然現身聯合國咖啡廳，面色鐵青，小聲跟她知己談她目睹人民解放軍在天安門殺人情況。我忝為她知己的友好，得以敬陪末座，洗耳恭聽。她逃出中國後，找到紐約洛克斐勒大學一華人老人癡呆學專家

的實驗助理職位,該教授為李敖三姐夫石錦教授的兒子石安樹(Andy Shih)。1994年,她移居香港,2001年因病在港逝世,享年58歲。《海峽評論》2002年11月載《對於李登輝「釣魚臺是日本領土」談話的聲明發表》抗議簽名人物有「張昭慶(香港科技大學教授;費城保釣會)」則她的丈夫張昭慶也是在天安門事件後與妻子一同離開中國的了。他們夫婦雖然不滿中共殺人作風,依然深愛中國。

一心求左,至死不悔者,還有兩人。

林碧碧是聯合國中文打字員。她個子矮小,自謂美國在日本廣島投原子彈時,她父親在那裡行醫,母親懷了她,因受原子輻射影響,她後來長不高,不過她腦筋沒受影響,還能正常讀書。她的其他姐妹發育正常,功課還不如她,兄弟姐妹中只有她赴美留學。可能因個子矮小,影響她心理發展。她喜歡跟人吵架,尤其瞧不起我們翻譯。我剛進聯合國時,翻譯用手寫,二十年後才改用電腦打字,許多翻譯不會用電腦,終其身用筆寫稿。翻譯求快,字跡潦草,她常說我和其他幾個人的字看不懂或文字不順,找我們吵架。她在打字室,人緣很壞,則是因別的緣故。她受到最大的打擊是她與一個翻譯要好很久,為他做飯洗衣,最後那個翻譯卻跟別人結婚。聯合國薪水她一個人花不完,買了很多公寓出租,自己省吃儉用,住簡陋公寓。

但紐約房地產有漲有落,房價下降時,往往找不到房客,無房租收入就無法付銀行貸款。她因此虧損很多錢。她在台灣的家本來有錢,父親死後,她沒有分到遺產,她姐妹怪她在美

國參加保釣,家裡經常遭到國民黨特務騷擾。她死得很突然,差不多是無疾而終,死前孤獨,死後似乎沒有人懷念她。

章蘇民是中文處的資料員。在電腦發明之前,資料很重要,為統一專有名詞,查對舊文,都需要到資料庫查卡片或找他。他工作認真,一板一眼,缺點是對思想落伍如我者,聲色俱厲,不假辭色。我後來才知道他在台灣是神學院出身,原來是準備當神父的。史達林也是神學院出身。神學和共產主義都崇信教條,他之生硬古板其來有自。聽說他用他多年整理資料的經驗,將保釣資料分類存檔,井然有序,他死後,這批資料不知流落何方。他罹癌症後,極左風潮已經過時,他突然變得溫和。朋友請客,我碰到他剛從北京歸來,稱服了中醫草藥,恢復體力,氣色不錯。他妻子帶了許多中國製鵝絨大衣來賣,那時鵝絨還是稀貨,我買了一件,非常暖和,但顯得龍鍾,妻子說顯得老氣,後來只得丟棄。不久之後,他已去世。

第三部分
共產黨篇

翻譯公司

聯合國明文規定中文為正式語文，即聯合國文件都必須用五種語文（英、法、西班牙、俄和中）昭告天下。國民黨時代，人微言輕，國民黨代表代表宋子文出席聯合國創立第一次會議時，用英語演說而棄中文不用，一來顯示自己的外語能力，二來交涉不假翻譯，節省時間。開此先例，以後顧維鈞相繼效尤。中文可有可無，淪為裝飾品。

中共建國以來，實施一面倒親俄政策，反美自然反英文，於是放棄英文教育，甚至視懂英文者為裡通外國的異己分子。

1971年中共進入聯合國，開始與世界接軌，英文空白一片，其外交官很多又是陳毅系統的軍人老粗出身，不通外事及外文，更遑論英文了。

中共需要英文人才孔急，但人才需要長時間培養，不能一步登天。而且無錢不能辦事，聯合國知道中共的難處，出手幫助解決中共英文人才荒，表示願意拿出一筆錢來，在中國設立一個預訓班。讓學員班結業後應聘聯合國任職。

另外，中華人民共和國進入聯合國後，為彰顯自己的重要性，打鐵趁熱，要求聯合國許多機構新建或加強中文翻譯部門，如國際原子能機構、海事協商組織、國際勞工組織等機構陸續新建中文科，聯合國會議與口譯司增設中文逐字記錄組，

工業發展組織的中文股擴大為中文科等。但聯合國本身限於預算，常設翻譯人員不能一下子大批增加。除在工作旺季增聘一些臨時翻譯以應急需外，又以特約翻譯方式委託外人——其實是北京——長期包辦翻譯聯合國內部翻譯不完的文件。

1975年僅聯合國大會和各委員會、安理會等主要機構應譯而未譯成中文的會議記錄、報告等「積壓文獻資料」就有8萬英文頁之多，每年又繼續不斷產生新的「積壓文獻資料」，聯合國新聞部也有不少宣傳材料。

中國政府見聯合國錢多好賺，除派人進聯合國工作抽成賺取外匯外，還在中國境內設立對外翻譯出版公司，專門翻譯聯合國文件。這些人既不必經過聯合國艱難的考試，人員又集中北京管理，一舉數得。於是由中國駐聯合國大使黃華出面要求翻譯聯合國宣傳品和承印聯合國檔案資料。聯合國支付翻譯費是每千英文字33美元。黃華又建議周恩來，經外交部與商務印書館商定成立「聯合國資料小組」，專門翻譯聯合國檔案。最初只有18個人，逐漸增員，於1976年4月13日成立獨立的中國對外翻譯出版公司。

朱光潛女兒朱世樂回憶：「1976年大地震爆發，好幾個年輕教師晚上自動到燕東園我們家的走廊上，輪班來照顧父親（朱光潛）。讓他們到家裡來，他們也不肯進屋，因為家裡的房子都住進了其他的人，我們一家七八個人擠在一個屋子裡。這些年輕人給了父親母親很多的關懷，讓父親感覺在那個殘酷的年代中還有溫暖。文革開始之後，媽媽把所有的照片以及父

親和朋友們之間來往的信件，全部燒掉了。之後的一段時間裡，父親沒有任何事情可做，他是個天天看慣了書、上慣了班的人，無所事事是讓他最難受的。當時正好有個翻譯聯合國檔案的差事，有的人想到了父親，就讓他去翻譯檔案。那裡的幾個年輕教師對父親比較照顧，給他翻譯的量比較少，讓他能有時間校正早年翻譯的黑格爾文稿。當時翻譯聯合國檔案的人用了兩間屋子，他們把父親安排在靠裡面的屋子裡面，桌子上擺著一沓草稿，上面是聯合國的檔案，下面則是父親翻譯的黑格爾草稿。」因此大名鼎鼎的哲學家，美學大家朱光潛也參與翻譯聯合國文件。

我任職曼谷聯合國亞洲及太平洋經濟社會委員會期間，年會文件多，北京派來好幾位來短期幫忙，翻譯會前文件。其中一位來自翻譯公司。他年紀大，態度謙和，與其他北京來人的張牙舞爪不同。我探知他是舊知識分子，英文也是解放前學的，大概在「牛棚」待的時間太久，身體不太健康。我與他談話特別投機，他不大談過去。我知道他薪水大部分都要上繳，常請他吃飯。有一次，這位老先生私下告訴我，他在解放前上海長大，見過妓女，問我曼谷有沒有。我經常到曼谷唐人街，路過耀華（Yaowarat）路，看到有幾家中文「茶室」的招牌，進出都是老男人。令我想起小時候台灣小鎮在「純喫茶」興起以前的「茶室」。有一天，下班後，我單獨開車帶他到那家茶室。我也是第一次進那種地方，樓下有幾張座椅，賣冷飲，上樓有一櫃臺，背後坐一中年女人，長廊長板凳上坐一排濃妝豔抹少女，繳錢後隨

客人挑選。曼谷天熱，那裡只有電風扇，化妝品是廉價品，汗跡之後，我覺得她們個個都很難看。中年女讓我們進去房間，裡面單人床，床頭放臉盆，牆上掛毛巾，小桌有草紙、肥皂等物，燈光昏暗。我問那位老同事，有無興趣，如有，我在樓下等他。他說沒有。我們謝了中年女離去。

不久，我們曼谷翻譯處原班人馬飛赴東京開年會。東京是我遊學舊地，全翻譯處只有我通日語，除照顧他們住宿吃飯之外，我還招待全體同事去新宿歌舞伎町看了一次脫衣舞。

我曼谷期滿，回紐約，新處長是原對外翻譯公司領導，原任職外交部，因女人事被貶至翻譯公司，地位與國家幹部天差地別。我後來查了他的背景，他是延安老幹部，1949年隨共軍到南京佔領國民黨外交部的中共首批外事處幹部，後任外交部禮賓司副處長。他大概經打擊，變得很謙和，不太管我們海外翻譯，讓我們自生自滅，與我曼谷所見老翻譯同一類型，讓我過了數年逍遙日子。

預訓班

　　中共入聯合國後，中文地位上升；在那之前，國民黨當局的聯合國代表發言一般都用英文，中文同聲傳譯形同虛設，聯合國文件也用不著都翻譯成中文。

　　1973年中文從聯合國的官方語言提升為大會和安理會的工作語言，中文翻譯人才的緊缺一下凸顯出來。北京代表團在聯合國摸索如何借助聯合國資力來訓練中國的外語人才。

　　1972年，中國外交部給北京外語學院轉來一份文件，是中國代表團在聯合國找到的聯合國與蘇聯政府簽訂的在莫斯科合作舉辦聯合國譯員訓練班的協議，該協議提出，聯合國每年給莫斯科語言學院撥款近30萬美元，並由聯合國負責檢查、監督培訓班的工作。

　　當時還在文革中，左風瀰漫，外語學院雖然愛財，但是擔心勾結聯合國會被批成裡通外國的賣國主義，不敢貿然反應。

　　1973年，聯合國助理秘書長到中國訪問，與外交部國際司和北外代表主動提起舉辦譯訓班的事。那時鄧小平暫時復出，立即批准，籌備工作隨即展開。不久，鄧小平又被打倒，籌備工作又被擱淺。

　　1978年5月25日下午，聯合國副秘書長訪華，同外交部國際司副司長冀朝柱等在北京飯店舉行會談，敲定開辦譯訓班的

細節。1978年10月,北京外國語學院院長前往紐約,與中國常駐聯合國代表團一起與聯合國人事司、翻譯司談判,並達成協議。12月,《聯合國在中華人民共和國訓練中文筆譯和口譯的方案》在聯合國獲得通過。根據這個方案,聯合國將提供價值75,000美元的電教設備,並為每名學員提供6,000美元費用,學員人數每期不超過25人。

1979年3月該方案的招生工作在北京、上海、廣州、南京、天津和杭州展開。有536人參加了4月29日舉行的預試,227人通過,5月下旬在北京、上海、廣州舉行的初試。

初試的英譯中考題來自英國《經濟學人》雜誌中的一篇文章,考生必須知道其中的「North」和「South」是指代發達國家和發展中國家。中文考題包括古文和成4人分到紐約聯合國總部語等,比如問「汗流浹背」的「浹」是什麼意思。7月,復試在北京國際俱樂部舉行,到這一輪時只剩下43人。

複試也即聯合國譯訓班的入學考試。考官共14人,聯合國方面的7人包括聯合國人事司司長、翻譯司司長、翻譯司中文處處長湯興伯、會議服務司口譯處中文組組長范家楨,中方的7人。范家楨也是1975年在東京口試我的人。我初到聯合國,頂頭上司就是湯興伯。

考題由聯合國官員帶來,考生按順序單獨面試。

聯合國考官關注的不僅是應試者的英語水平,還有其舉止、談吐、風度。有一名考生英語流利,題答得也好,中方考官原以為他能順利過關,但聯合國官員在評議中首先發言,用

了「unpleasant personality」（舉止令人不快）、「affected」（做作）來評價他的表現，一致否決了他的入學資格。

考試結束後，聯合國官員紛紛表示，大部分考生的英語水平是好的，超出他們原來的想象。人事司司長建議，鑒於考生水平較高，也為節省聯合國經費，建議將學習時間由原定的一年半改為一年。中方為多掙美金，堅持反對作罷。

最終錄取正式學員25名，口譯10人，筆譯15人。其中，年紀最大的唐榮華39歲，年紀最小的劉結一22歲。唐榮華在天安門事件後，沒有拿到長期合同，滯美不歸，淪為聯合國編制外的打工仔，大會期間，人數不敷所用時，回紐約打工，以此維持日常生活，其艱苦可知。怪不得他見了不相干的我也笑臉相迎。

劉結一沒有到聯合國工作，但派駐紐約任中國駐聯合國代表團參贊。紐約《世界日報》記者「包打聽」根據紐約某髮廊保安口述於1999年3月25日《紅二代章啟月接任駐紐約總領事老公曾在華埠嫖妓》報導，「日前有位頭髮稀疏的矮個子大陸外交部高幹在紐約下城勿街某髮廊享受吹簫服務後所帶現金不夠，想半價開溜，小姐不依，尋求髮廊保安協助。在保安的壓力下，此人只好交出信用卡讓髮廊代收。刷卡時，保安讓其交出帶照片的身份證以便核實他確實是信用卡持有人。此人於是出示了紅皮外交護照。上面的名字是劉結一，信用卡上的名字是Jieyi Liu。保安將護照交給髮廊老闆，問他如何處理。老闆很好奇，平素也認識一些僑領，想打聽打聽，當即將護照首頁做了個備份。交代保安按

牌價刷卡後放人。事後老闆向僑界頭面人物一打聽，才知道，此人是外交部的一位副司長。前幾年一直在紐約工作，太太也在這裡，直到去年年底才雙雙調回國內任副司長。近期單身一人來紐約出差，大概耐不住與太太分手的苦澀，來髮廊發洩發洩，怎奈所帶現金不夠，暴露了身份。」劉結一後來回國，一度擔任中共中央台辦主任，負責對台統戰。

1979年底，聯合國提供的設備運抵，新語音試驗室建成。第二學期開始，口譯班的學員每人發了一台雙聲道錄音機。有了語音室後，培訓班每周組織學生看一到兩部原版電影。

訓練班學員在學習期間的生活待遇，按照國家正式職工由原單位照發原工資，在校生按研究生待遇。

聯合國開發計劃署向北京外國語學院提供了65萬美元的援助，其中35萬美元用於第一期培訓，30萬美元用於購置電教設備。當時中國沒有外匯，北外使用了這筆外匯，從挪威和日本買了當時最先進的電教設備，成為他們培育後來戰狼外交官的最初設備。

25人均被錄用。口譯班10人中，4人分到紐約聯合國總部，6人分配到日內瓦辦事處。筆譯班15人，10人派駐紐約，4人派駐日內瓦，1人派駐肯亞奈洛比。

1981年1月，聯合國副秘書長親自前來，主持了第一次聯合國中文譯員的錄用考試。

崔天凱、何亞非、郎勝鑠和劉軍是23樓最初進來的大陸籍的四個年輕譯員。之前中文處有兩位是外交部直接派遣。

按照協議,第一期譯訓班畢業生要為聯合國機構服務3年。何亞非、崔天凱和郎勝鑠三人於1984年9月期滿,乖乖聽命攜眷從紐約自動回國。何亞非後調日內瓦任中國政府常駐聯合國機構代表,再回國任國僑辦副主任;崔天凱天安門後回國則官至為中國駐美大使,在習近平任內退休;郎勝鑠也回任維也納的聯合國工發組織及奈洛比的環境規劃署。

大陸派遣翻譯,雖然也經聯合國考試,錄取後不能立即就職,先在聯合國在北京設立的預備訓練班學習一年。

預訓及等待應聘期間,外交部予以收編,從事教英文或編譯閒差,等聯合國翻譯出缺,他們才能遞補。他們屬外交部職員借調聯合國兩年,期滿非回國不可。中國此種做法,一是聯合國翻譯等於為外交部儲備語文人才。出去人多,可用人才也多。二是中國人人想出國,期限固定,人人有份。

有一位預訓班成員以第三人稱現身說法自述應考聯合會預訓班艱苦經歷:「他思想積極,高中未畢業就前往陝北延川縣插隊落戶當知青。1977年從農村回到北京,準備文革後的第一次高考。因喜歡英文,考入廣東外語外貿大學三年級時,得知聯合國預訓班招考,過五關斬六將,進入預訓班為第三期學員。

譯訓班從第三期開始實行兩年學制。第一年口譯筆譯兼學,第二年則分為一半人專攻口譯、一半人專攻筆譯。

1984年8月,他乘泛美航班抵達紐約,到聯合國總部中文筆譯處擔任譯員。第一天上班來到23樓兩人一間的辦公室,見

一位學者風度的中年人在座。他就是他在中文處頭五年相處愉快的香港籍同事吳先生。見面時，吳先生指著他的辦公桌說，這個座位的前主人是剛離任回國的崔天凱。」

從1979年到1994年，譯訓班共開辦13期，培養了200多名口筆譯員，包括外交部新聞發言人章啟月（第2期）、外交學院院長秦亞青（第3期）、鄧小平的翻譯張維為（第3期）、駐加拿大大使章均賽（第5期）、外交部翻譯室主任張建敏（第12期）、朱鎔基的翻譯朱彤（第12期）等。

預訓班從1983年第四期開始，也招收逐字記錄員。聯合國設有逐字記錄處，在1971年中共進聯合國之前，逐字記錄處沒有中文科。因為國民黨當局代表並不關心中文在秘書處幾種正式語文中的地位，也不重視中文翻譯工作，以至於聯合國開會時，同聲口譯不出聲，很多文件沒有中文文本，逐字記錄就更不需要了。

1971年以後中共代表出席聯合國各種會議必用中文發言，仔細閱讀譯成中文的各種文件，各種決議草案也都必須譯成中文後才付諸表決。代表團還派員出席與秘書處各中文部門同事溝通的會議。逐字記錄科的工作，需要筆譯的文件勞動強度之大，工作量之多，實屬驚人。如果安理會開兩個小時的會，15個理事國代表旁徵博引、慷慨陳詞或唇槍舌劍，最後累計會有數萬字需要立即翻譯出來，而第二天一早必須把安理會發言逐字逐句的記錄譯文送到各國常駐團手裡。也就是說，10個左右的翻譯同事每人每天要做4到5份文件，一份文件稱為

one take，既要翻得好，又要翻得快。他們還需輪流坐到安理會馬蹄形會議桌中間的長條桌旁聽會，每人半小時（後改一小時）。中文逐字記錄科和中文筆譯處這兩個中文業務部門所翻譯文件的區別，主要是：一、從文件形成的過程看，逐字記錄的文件起源都是口頭發言，而中文筆譯處的文件則一般都是書面語言文件；二、從涉及的領域看，逐字記錄集中於維護世界和平與安全的聯大全體會議、聯大第一委員會（主管和平與裁軍事務）會議和安全理事會會議的發言，而中文處的文件則無所不包；三、從文字風格看，逐字記錄的文件口語化句型、禮貌用語和客套話多，也經常引經據典掉書袋。

安理會辯論時，前後發言者經常針鋒相對，語句比較敏感，翻譯時必須字斟句酌，以及同一主題的用語連貫。相比而言，中文處的文件書本氣濃厚，上至天文氣候環保，下至地理農工商學，包羅萬象。無論是中文處的筆譯員還是逐字記錄科的報告員都屬聯合國專業人員，級別相同，待遇相同。

預訓班考試錄取，獲取外派聯合國者，魚躍龍門，身價百倍。多少搶著出國的漂亮小姐，送上門來。

有一翻譯，個子矮小，相貌平庸。天安門後，放寬條件，翻譯攜眷出國。我平時與他沒有來往，有一天我在聯合國咖啡廳早飯時，突然現身在我座位之前，沒有說幾句，就向我訴苦，說他妻子喜歡偷人，尤喜與洋人睡覺。後來打聽，知他妻子為大美女。因他考上聯合國才嫁給他。來美後，見他一無可取，下堂求去，他不肯，故到處詆毀她。

中文處有一對北京來的夫婦,妻頗妖嬈,當處長秘書,夫貌不揚,為翻譯。女秘書因學歷不佳,靠姿色找了個能夠出國考上預訓班的翻譯。有一位國民黨時代的陳姓老翻譯,受到大陸籍處長重用後,得意忘形,看上那位秘書,公然雙進雙出,相貌不揚丈夫不敢聲張。北京來的其他翻譯對該秘書與他人整天勾勾搭搭,看不過去,在共產黨團會議提出,她丈夫為妻子辯護道,我都不在乎,你們有什麼資格批評。天安門事件後,丈夫期滿拒回國,在外流浪了一陣子。該老翻譯從聯合國內部文件知悉非洲翻譯短期出缺,為其說項,由處長推薦到非洲任職。不久,紐約處長秘書出缺,陳又將心上人補上缺額,先回紐約,陳姓跑進跑出,為佳人租房,買床單,送棉被。最後由處長具狀為該翻譯說情,說他沒有回國,非因政治問題,批准後得以聘回紐約,夫妻團圓。事聞於外,有同事讚她為一家人幸福而犧牲自己。陳姓退休後,因為善寫英文公文,屬中文處的稀缺人才,時常回處打工,為英文不通的處長服務。

　　格於聯合國規定,退休人員打工不能超過三個月。即使處長沒安排他打臨時工,他按捺不住相思之苦,每天都情不自禁地從住處長島坐車到曼哈頓聯合國總部來上班,風雨無阻,就為了見到他朝思暮想的佳人。佳人丈夫因為受過陳姓的大恩,也就默不作聲了。對此看不慣而有微詞的男同事,他反倒以息事寧人的態度去規勸他們。我幾年前回紐約小住,借屋中文處辦公室對面,仍時常見到他進進出出。他年過八十有餘,退休

已近二十年,我問舊同事,知他仍然年年回處吃回頭草,為人所厭。女秘書則因他不在其位,不太理他,他仍死皮賴臉,經常向她噓暖問寒。

弄權

　　1971年靠拍毛馬屁吃一輩子飯的美國記者史諾（Edgar Snow）離開中國，在義大利刊物上發表毛的談話引起全世界注意。史諾寫道：「毛澤東說：『我是一個孤獨的和尚，在雨中打著傘走來走去。』哀嘆自己是孤身一人。」略有中文常識的人，對照毛在文革的言行，都可猜出毛這句原話應該是「和尚打傘，無髮（法）無天」。我於2008年在夏威夷買到冀朝柱英文自傳《毛右邊的人》（*The Man on Mao's Right*）發現裡面有1970年天安門樓上冀朝柱站在毛和史諾中間的照片，則這句名譯的作者非冀朝柱莫屬了。「孤獨和尚，雨中打傘走來走去」從此傳遍世界，連在莫斯科的毛澤東死敵王明也引這句話。冀朝柱的翻譯笑話可稱是世界級。

　　我繼續看冀朝柱的《毛右邊的人》，愈看愈覺得不可思議。他是毛的「右臂」，但罵毛不遺餘力，如：「我較毛略高——就中國的標準來說，毛是個高大健壯的人。我有意識地垂下頭，以免過份突出。我不知他跟誰在說話，而所說的是什麼，現在我都忘記了，大概是無關痛癢的閒話。但當我靠近毛的右耳復述客人的第一句說話時，毛猛地向旁閃開，陰陰地向我瞪了一眼，說：『你聲音太大了！』……優雅是許多人對毛澤東的形容詞。他煙不離手，但卻不是瘋狂抽菸的人。他動作

緩慢，從容自得，有帝王之狀。我留意到一些其他的領導人，試圖模仿他的表情。他的眼睛經常半眯著，好像靜靜地想著遙遠的事情。

他前額非常寬闊，表現得有大智慧。而他的面板，對於一個快將七十歲的老人來說，是十分幼滑，唯一例外是他左下頜的那顆著名的痣。正如一個外國作家的描寫那樣：『和其他人相比，他似乎用不同的材料構造。凡人的情感不能進入他的心中。毛真是一塊魔鬼的材料，像許多共產黨人那樣，是特殊材料做成的，十二分的邪惡充滿了他們的全部生命。』」他總結毛：「對毛澤東來說，文化大革命雖然好玩，並且玩了十年，但是他要告辭了，因為馬克思要召見他了。……他的感嘆，不是因為亂局還未理好，也不是因為人命死亡、經濟癱瘓、文物破壞、萬戶蕭疏；而是，很簡單，他要走了，不能主持大局了。他是含恨而終的，文革還未玩完，因而他臨死也不能忘記此事。然而，文革十年，再下去，他不死，中國也要亡了。」冀朝柱於1991年外派聯合國為主管技術合作促進經濟發展的副祕書長，是中國籍在聯合國最高官。他妻子汪向同在中文處當翻譯，丈夫位高權重，妻子辦公室門戶為之穿，眾翻譯趨之若鶩。

汪向同與我同事時，與其他大陸官僚無異。我後來讀了她所作《我的丈夫冀朝柱：四十四年的外交生活》，才知道她對共產黨苦大仇深。1946年，她的父親汪申，留妻女在大陸，帶兒子赴臺，任教臺北二專。汪向同一再因海外關係受累。一直到1980年她與冀朝柱到洛杉機才與睽違32年的父親相會。

我剛到聯合國，代表團有一參贊名李文泉者，原為印尼回國華僑。他可能是蘇卡諾時期，響應祖國號召回國求學，參加建設者。回國前，曾受英語教育，故被派往外交部工作。人極機靈，在中國驚濤駭浪的政治環境中，他一帆風順，1970年代初，文革鼎盛期，受命主管聯合國華僑職員的意識形態，不極左，不僵硬，想也無法勝任。所以如許登源和李我焱等事件，都是他背後指使、操縱。極左派早晚請示彙報，他志得意滿。後來不知何故，得罪當局，被調回國，從此貶入地方「僑辦」，沒沒無聞。繼任者作風稍斂。四人幫倒台，大陸翻譯進來，意識形態管理權改由資深黨員擔任。

　　國民黨處長退休後，取代者為湯興伯，北京直派。他是上海聖約翰大學畢業，共產黨地下黨員，曾為學生會主席，與國民黨時代進入聯合國沈昌煥之弟是同學，左右相見，分外眼紅。他又急功好利，文革後期，中文處職員除正常翻譯工作之外，還發給《反杜林論》、《論資產階級法權》等文件，供業餘學習。林彪出事後，有一名老翻譯名張復禮，父親曾為安徽省主席，文質彬彬，原任中央社記者，中英文俱佳，受到林語堂的賞識，被林的女兒林太乙聘去香港《讀者文摘》任編譯，數年後考入聯合國。不久變天，湯興伯處長上任，特別叫他到處長室，臉色凝重，向他說，你翻譯還過得去，現在國內正在進行轟轟烈烈的批林批孔運動，林彪罪名是「復己克禮為仁」，你的名字正觸犯大忌，是不是可以改一下。張不敢得罪他，只說，他名字是父親所取，不敢輕易更改。湯見他不識

相,以後儘量給他小鞋子穿。

湯好色成性,有女翻譯為升級事,去討好他,他伸出魔掌,她驚呼而逃。湯離開聯合國中文處,轉任紐約總領事,也有緋聞。他於1998年病逝北京,享年73。

湯之後是崔,崔之後是嚴,也是外交部幹部。

天安門事件後,有一批打字員合約延至七月底。新加坡人主管瞭解到他們不願回國,主動寫了封推薦續約的公文,工會代表送至聯合國人事廳,驚動秘書長。經過許多波折,秘書長先暫時給予三個月合同,工會代表將此事知會新加坡人,新加坡人告訴了與他熟絡的大陸籍中文處女秘書。秘書馬上給中文處嚴處長匯報。翌晨兩位打字員到人事室辦手續,嚴處長居然出現,用肢體阻擋他們,不讓他們到打字室報到。場面尷尬,法籍司長聞聲趕來,用手搭著嚴處長的肩膀,再三強調這是秘書長的意思,在走廊來回幾趟,邊走邊勸,大陸籍的中文處處長終於不敢再糾纏。

我任內最後處長是中國政府所派,姓張,官至語文司長退休,本來語文司長是法國人禁欒,她能致此,可見其長袖善舞。

中文處在張處長任內,大陸籍翻譯已佔多數。共產黨氣氛濃厚,弄權舞弊,漸成常態。她的丈夫,非聯合國職員,亦可帶團出差至加拿大,包譯會議文件等。

日內瓦辦事處一位大陸籍譯員,同一位義大利女醫生談戀愛,幾乎每個週末都到羅馬去。事情被呈報到北京,中共當局用該國際公務員回籍假回國探親時,不再讓他再出境。紐約總

部工會要求聯合國當局介入，依據是國際公務員行使回籍假權利，屬於出公差性質，享有外交豁免權，不能把他拘留。

中方說「此人行為不檢」。但是，該義大利籍女醫生已身懷六甲，眼見愛侶失去自由，毅然在羅馬的中國使館前紮營露宿抗議，一時成為國際新聞，聲援者甚多。該義大利女醫生有一位長輩是義大利共產黨地方領袖，在義大利國會中有一定影響力。義大利外長訪華時，受義大利議員之托要求中方放人。中共外長錢其琛隨後對下屬說，不要搞到他國外長向我提要求，令我被動，趕快去把事情處理好。這位譯員才能回到歐洲。但中方反對他恢復原職，聯合國就讓他到羅馬另一個聯合國機構任譯員。

布特羅斯・布特羅斯－加利（Boutros Boutros-Ghali）秘書長任內，日內瓦中文科科長一職出缺。資深候選人畢業於台大歷史系，李敖同班同學，科內最資深，也級別最高。另一候選人是大陸同事，不但資歷淺得多，職級也低一級。在一般情況下，前者應順理成章出任科長。

中方致函秘書處說，由於翻譯工作性質敏感，需由他們能充分信任的人出任科長。四十人海外翻譯聯名上書秘書長強烈抗議。抗議書指出：「身為國際公務員，效忠對象不是個別的會員國，而是聯合國組織本身。中方所謂不能完全信任我們同事，應由他們能信任的人出任科長，此種話不但毫無任何事實依據，對我們的專業操守更是莫大的侮辱！」當時負責行政管理部的副秘書長威爾斯女士（Melissa Wells）閱信後，決定秉公辦理，不理會中方的要求。資深的台灣同事終於當上科長。

天安門

　　1976年9月9日毛澤東死,全世界哀悼。

　　聯合國下半旗,大會開特別會議。各國代表團弔詞千篇一律,各國代表的發言悼詞,千篇一律,都說毛是:「untimely death」。毛太陽駕崩,聯合國中文翻譯,不敢自專,翻查字典,有譯「早夭」者,有譯「死非其時」者,五花八門,美不勝收。規劃專員葉樫,刀筆老吏,巨椽一揮,規定一律譯「不幸逝世」,快刀斬亂麻。

　　紐約左派,尤其聯合國華裔職員,另闢場地開弔,臂帶黑紗,哀感天地,如喪考妣,有敢拒帶黑紗上班或不去哀悼者,則給以道德審判,眾人以目。

　　1976年10月6日四人幫被抓,撥亂反正,全中國歡欣鼓舞,慶祝如儀。胡耀邦上台,民主牆大字報立。趙紫陽上,政治改革似乎在望,學生天安門聚眾,要求更多自由,紐約左派如響斯應,熱烈支持。

　　情勢瞬息萬變,如乘過山車,我輩目不暇給。

　　1989年4月中旬開始悼念胡耀邦逝世為由,開始示威,最後以屠殺平民終結的6月4日天安門事件,在聯合國引發海嘯效應。

　　北京學生蜂起時,紐約左派也一改過去擁護共產黨當局立

場,大水衝擊龍王廟,群集到中國駐聯合國代表團門前示威。

聯合國內大陸翻譯都一律住在曼哈頓四十二街西邊宿舍兼領事館。港、臺出身當翻譯叫囂示威在外,大陸籍翻譯龜縮在內。窗口和屋頂向外照相,次日辦公室彼此相見,仍相敬如賓。

聯合國中文處港、台翻譯許多都義憤填膺,有人提議以「中國書會」名義向文娛部門商借哈馬紹禮堂,作為悼念北京六四死難同胞的會場。

北京六四屠殺之後第三天,一場擠滿了中外人士的追悼會就在聯合國的哈馬紹禮堂舉行。追悼會場面盛大。禮堂正中央橫寫著「中華魂」三個字,下面是兩個直寫的「國殤」大字。

右上方題款為「北京民主殉難烈士」,下方署名「聯合國工作人員敬輓」。兩旁還有一副輓聯,上聯為「風雨嚎哭三千英烈敢將熱血醉碧土」,下聯為「山河震動十億神州誓為民主上征程」。在追悼會上,十多名中國職員以英文和中文上臺致辭,令人動容地表達這些被槍彈和坦克屠殺的中國青年,他們唯一的罪過就是和平地爭取民主與人權,要求遏止政府官員的貪污腐敗。

當時紐約的中英文報刊,對這個聯合國總部內的追悼會,作了簡短的報導。

紐約聯合國的有些中國大陸籍職員,見反對聲浪浩大,膽子突然壯了起來,聯名發表中共外交部各駐外機構寫了一封公開信:

《致外交部各駐外機構工作人員的公開信》

現政府極少數領導人面對人民要求民主自由的和平行動，調集大軍進京，殘殺手無寸鐵的學生和無辜居民，構成嚴重的罪行，把整個民族推向內戰的邊緣。昔日繁華京城，如今血流成河，屍積如山，如此屠城暴行，在中國現代史上實屬罕見。

在這場暴行中，憲法遭到無情踐踏，公民權利蕩然無存，現政府極少數領導人已失去執政的法律依據，淪為民眾公敵，受到全國全世界的同聲嚴譴。目前暴行未止，更大的流血事件迫在眉睫，而現政府則公開揚言要繼續屠殺，殘民以逞之心暴露無遺。

面對上述情況，來自國內的聯合國職員認為，每一個有良心的人都不應該再保持沈默，特以個人名義嚴正聲明：中國現政府少數領導人已背叛中華民族，背叛十二億中國人民，已無資格繼續代表中國人民。

我們呼籲駐外機構人員打破沈默，公開譴責現政府濫殺人民的殘暴行為，為避免民族災難做出貢獻。正義的聲音越響亮，人民的犧牲就越少，國家恢復正常生活的速度越快。

呼籲全體中國人民團結在民主自由的理想旗幟下，盡力阻止國內的流血事件，為建立百多年來無數烈士為之流血犧牲的民主社會而奮鬥。

這封有十幾個職員簽名的公開信，被存入中共檔案，簽名

者後來回國大都被秋後算賬，有些機靈者乾脆不回國，在美國另謀出路。

中文處的共產黨員翻譯由原江青翻譯徐爾維和武秉仁領導，平常每週開會兩次：星期三和星期六；兩人是翻譯中僅有拿聯合國五年以上合同者，其餘數名為普通黨員，少數非黨員。非黨員翻譯見共產黨控制鬆懈，蠢蠢欲動。及趙紫陽去職，人民解放軍出動，謠傳解放軍「八老」勸阻，改革保守打成平手，華僑翻譯，天天示威遊行。

事後好多年，我好奇紐約以外的極左派的反應，我問那時在非洲肯亞的李我焱。他說，肯亞政府規定，外國人不准參加如何政治示威遊行。奈洛比聯合國職員有他和張北海兩家。他們風聞全世界都舉辦抗議北京的遊行，徵得大使同意，在使館圍牆的院子裡，連同家屬小孩，四個人對著使館來來回回走了幾圈，舞著五星旗，喊了幾句口號，大約不超過十分鐘就解散開車回家。我問，你們與使館的人那麼熟，難道就沒有人出來接見你們嗎？他說，他們躲在裡面，甚至沒有人露出頭來張望。

不久，坦克車進襲天安門，實彈射擊，不分青紅皂白，大舉屠殺學生百姓。紐約左派突然手足無措，萬籟俱寂，知道自己出事了，跟著趙紫陽轉彎，轉得太過了，要繼續彎下去呢，還是要緊跟鄧小平李鵬立即把彎道轉回來，改邪歸正，服從黨中央。

《美洲華僑日報》宣佈停刊。但中國政府宣傳新政不能無報，當局乃重新募股，組建新的編輯部，籌備出版一張新報。新《僑報》於1990年1月5日創刊。去原來舊《美洲華僑日

報》刊頭的「美洲」、「華」、「日」四字,略稱《僑報》,表示一脈相承,但是英文改用新名 China Press 重新登記,除「China」一字外,其餘完全摒棄不用。

　　天安門事件後,聯合國內天翻地覆。美國老布希總統下令已在美國境內者,可申請綠卡。武秉仁等共產黨員,紛紛讓家眷搶先申請綠卡。一些合同滿期翻譯通過工會表示,中國政府為了控制他們稱他們為借調聯合國的外交部隨員,薪水被中國政府收去。他們既是聯合國僱員,應享有其他人所享權利,要求聯合國續聘,並公開要求中國政府不得扣繳他們薪水。聯合國工會通過法律顧問向行政法庭提出告訴,告聯合國違反同工同酬法。法官最後判決聯合國敗訴。聯合國秘書長秘魯人哈維爾・佩雷斯・德奎利亞爾（Javier Perez de Cuellar）從善如流,恢復遭解僱中國籍職員的原有職位;並強調會員國干涉聯合國人事行政,乃違反聯合國憲章之行為。於是絕大多數中文處出逃大陸翻譯都紛紛回籠。

　　此後他們的薪水都歸私有,不過在期滿前準備潛逃期間,他們都有好幾個月拒絕上繳,以便多儲蓄一些資本備荒備難。

　　隔了一陣子,中共因參加示威和逃亡翻譯者人數太多,全抓起來,事實上不可能,罰也不勝罰,乃予以寬大處理,只要肯寫悔過書,補交拖欠薪水者都准以回國度假。那些當初與工會代表共同戰鬥的同志,為爭取黨的諒解,立即翻臉不認人,又復露出舊日寇讎面目。

　　大陸翻譯和打字員,開始被高壓監視,緊張過度;天安門

後，掙脫桎梏，突然放鬆，無法自制，情不能自已，養小三，偷漢子，換妻換夫，時有所聞。

　　有一大陸籍的打字員隨我出差牙買加開的國際海洋法會議，我們同住在聯合國給我們訂的五星級飯店。因他不會說英語，上下班都跟著我跑。我看他吃從紐約法拉盛中國商店買來的泡麵和稀飯。帶他到外面當地便宜飯館吃飯，換換口味。飯店結算可付美金，也可以付當地貨幣。牙買加經濟不好，美金有黑市，與官方匯率價差很大。我認識黑市商家，也帶他去換美金，付飯店錢。他依賴我，為討好我，知道我是台灣人，喜歡聽共產黨的不為人知的秘聞，辦公室沒有旁人，閒時他就滔滔不絕告訴我他自己的背景。

　　他是山東鄉下人，大陸文革前大饑荒時，他經常吃樹皮充飢。我問他，何以能進外交部，最後竟然出國任職聯合國？他答說，四人幫的江青是山東人，四人幫當權時，她回山東，見故鄉人生活艱難，大發慈悲，那時外交部是周恩來的勢力範圍，她為進攻外交部，強行把一批故鄉無產階級硬生生塞進外交部。不過他們這一批人連小學都沒有念完，如何能辦理外交部事務呢？他自己字還認得一些，名義給的是打字員，下班後上外交部辦的夜校，把小學念完。字也認得更多了，學鉛字打字，後來還學會了電腦打字。我們翻譯開始是手寫，我學電腦打字寫稿，最初是跟他學的。他初到紐約時，集中住在曼哈頓第四十二街的代表團大樓，不久發生天安門事件，他薪水歸私就搬出到法拉盛租房子。我有時在走廊碰到他，他都很親切地

跟我打招呼。他每天帶便當當午飯。我要請他吃飯，他都拒絕了。我後來知道他從沒有上過飯館吃飯，除了與我出差吃便宜餐館外。他省下薪水的每一分錢，家裡吃飯都自己做，買肉也都買最便宜成箱的雞翅膀。不久他就自己買房子。聯合國中文打字員也是國際徵聘，按美國政府法律，每一個國際公務員都可以從母國帶一名佣人入境美國。他從山東找來一位新歡，以他佣人身份進入美國同居。他趕妻子出去，妻子不願回國，也無處可去。於是他家有二妻，整天雞犬不寧。

有一中國大陸籍翻譯，為我在曼谷亞太經社會同事，後來調至紐約，因此熟識。他兩年期滿離職，抗命不歸，入賓州大學，得MBA，天安門事件後，遇到美國總統老布什大赦，取得永居，任職銀行多年，後被免職，夫妻合力，創中文翻譯公司，妻子能幹，綜理業務。中共後來原諒抗命不回國份子，准予參加翻譯考試，丈夫以過來人再考入聯合國翻譯，重作馮婦。本來生活可以從此安定，有一天，丈夫突然離家出走，與愛人同居，對象為台灣富商下堂妾。我年前至紐約，邀他吃飯，不料他偕新歡同來，濃妝豔抹，一看就知非尋常女人。其友好私下告我，他原配太過強勢，但新人小鳥依人，處處依他。

扣薪

　　1980年代我有機會出差到牙買加首都京斯頓（Kingston）。工作結束前，聯合國翻譯部門其他國家的人突來傳話，古巴政府歡迎參加會議的聯合國職員免簽證到古巴遊覽。古巴卡斯楚實行的僵固的社會主義，沒有還開放觀光，不歡迎一般外國人入境。我久聞其民不聊生，一見是個難得機會，立即報名參加。會議完畢當天，古巴政府派來一架俄製伊留申客機到牙買加首都京斯頓，歡迎我們，於是浩浩蕩蕩載了我們聯合國職員約二十人，飛向古巴首都哈瓦那。

　　起飛不久，機艙前面兩側突然噴出兩道白煙，大家面面相覷，不知發生了什麼事故，議論紛紛，以為飛機著火，有人嚇得面色鐵青。空服人員趕忙出來解釋說那是空調，伊留申客機是引進外面的冷空氣入機艙來做空調，所以會冒白煙。

　　飛行穩定後，從後座沿走道走來一位穿綠色制服的古巴官員，要我們拿出「聯合國護照」（Lesser Passer），打開空白一頁，沒有問答，一一蓋上簽證印章，寫上日期。

　　機艙座位很小。我旁邊座位上的一個高大白人，調整座位，不免肌膚碰撞，他向我道了歉，我也寒暄了幾句。經相互自我介紹後，他聽說我是中文翻譯，立即豎起大拇指：「你們中國人真了不起，毫不退縮，毫不畏懼，不只幫了自己的忙，

也造福了我們。」他是紐約聯合國總部的俄文翻譯。問起緣由，原來中文處工會代表在聯合國打官司爭取中國籍職員同工同酬，官司打贏，也惠及俄國籍的聯合國職員。

俄國職員原來也與中國籍職員一樣，過集體生活。他們是住在河谷（Riverdale）公寓，由（美國中小學使用的）黃色交通車接送上下班，堂堂巨漢乘坐中小學生交通車進出聯合國大廈，為聯合國總部奇特一景。現在他們終於薪資歸私，搬出河谷公寓，自行租房。我趁機問他們以前的薪水上繳多少比率。他答說一半，與中國職員不相上下。

促成這場世界性聯合國薪水大革命的最大推手乃中文處翻譯工會代表為郭仲德。

郭是香港人，以僑生身份入台大哲學系。其為人也，急公好義，遇見不公不義之事，必挺身而出，不管被貼上反華或反中的標籤。他英文好，懂法律，有人緣，交遊廣闊，得道多助，長年擔任中文處工會代表，處理糾紛得心應手，眾人稱頌，為中共當局所忌。他奮力爭取職員福利時，台、港保釣同事嫌他多管閒事，理由是大陸職員被解聘或少領工資是他們與中國政府之間的事，何必去蹚這灘混水，得罪中國政府，損己利人，何苦來哉？但郭不管他們的批評，依然我行我素，與總工會主席一起晉見聯合國秘書長陳情。

事情源頭是1989年天安門事件的八級地震，餘波盪漾，促成柏林牆倒塌，蘇聯解體，「蘇東波」，也改變聯合國不少中國籍職員的後半生。

聯合國系統本來實行同工同酬的「諾貝爾梅耶」（Noblemaire）原則，內容包括兩方面：（1）為使國際職員融合一體，無論來自哪個國家，也不論其在本國的薪資多寡，嚴格實行同工同酬制；（2）為吸引並留住人才，國際職員之薪酬待遇，應高於全球薪資水準最高的同等級公務員。如果國際職員須向其本國政府繳薪資稅，在扣除稅金之後，實際所得或不如全球薪資最高的同等級公務員，則將悉數補償所繳稅金，使其薪資得以回復課稅前水準。因此，如遇會員國有對薪水課稅情況，聯合國通過平衡徵稅（tax equalization）以保障同工同酬制。聯合國職員薪水比美國同等職務的公務員略高。為什麼以美國為準？因一般而言，美國是薪水最高的國家。但是也有某些特別期間，由於美國經濟週期性衰退或匯率差異，其他國家薪水或有高於美國者。

1960至1990年是日本經濟騰飛期，美國學者傅高義（Ezra Feivel Vogel）高喊「日本第一」（Japan as Number One），日本人薪水就高於美國人。有些擁有特殊專長者不願赴聯合國任職，他們政府對推薦入聯合國者予以補貼差額，即他們除聯合國薪水外，還領政府暗地裡給他們的額外補貼。其實這是違反聯合國規定的，領錢者不會去告密，事情就這樣馬虎過去了。

有些聯合國成員國如蘇聯、東歐、中華人民共和國、越南、古巴等國家扣剋它們國籍的聯合國職員的薪水，這些國家是共產主義國家，理由是基於共產主義的平均主義，不允許有些人高收入，過高人一等的生活，事實上是這些國家沒有外匯

收入,是拿本國人聯合國薪水來填補其國家財政窟窿。

　　聯合國有些職員乘天安門事件中共權威失墜時,抗繳中國政府的抽成。

　　中國籍職員既不懂外面特別是聯合國的規矩,也沒有維護自己權益的經驗,如何寫訴狀,如何打官司,非有高人指導不可。最後大功告成,改變了聯合國,也改變了半個世界,甚至戳破了共產主義規矩平均主義的騙人技倆。

　　台灣網路報《上報》,2022年12月31日載有〈一石擊破水中天:紐約聯合國總部的「六四」迴響〉訪問文。下文是郭仲德本人的證詞摘要。

　　聯合國職員分國際徵聘和當地徵聘兩種,品(P)級以上官員絕大多數國際徵聘。中文打字員因美國不容易找到人,也向國際徵聘,國民黨時期是靠個人介紹,共產黨時期則由外交部外派,其薪水按G分等,約為「品」級職員薪水之半。

　　國際徵聘待遇包括了安置費(全家入住紐約中上級飯店一個月房費和膳食費)、子女教育費補貼(從小學到大學畢業)、回籍假(兩年一次全家回本國來回旅費)、非居民補貼、退休遣返補貼和旅運費等等。

　　1989年聯合國秘書處紐約工作人員近五、六千人,華裔職員好幾百人。中國大陸籍不到兩百人。他們主要是口譯、筆譯、逐字記錄員和打字員。前三者都是聯合國在北京譯訓班的結業生,打字員來自中共外交部的文印處,出於方便控制人員,一律借調或輪換(Secondment)身份,沒有像我們華僑那

樣持有長期合同。蘇聯和其他共產國家的聯合國職員，既無海外僑民徵聘者，全員本國指派，所以一律是借調或輪換。

中國政府這樣做表面理由是在聯合國工作，雖為「國際公務員」，持有聯合國工作人員護照，但同時也是中國國家派出的涉外人員，必須遵守中國《外交人員守則》。

1980年譯訓班翻譯結業應聘入聯合國者大部分被定為二品（P-2），每月薪資約3,000美元。但工資需全部上交使館，每人每月再領取幾十美元交通費，零用錢。

紐約的聯合國譯員都住在中國駐紐約領事館內，每人住有獨立衛生間的單間，申請批准後，才得以出門，早餐、晚餐通常在領事館吃，午餐若與外國職員同在聯合國大樓的咖啡廳用餐，費用可報銷。晚上加班，需要買飯和乘計程車，亦可報銷。

後來允許移出租房，他們改行「八五三二二」制，即：薪資第一個千美元，八百元歸己，二百元上繳；第二個千美元，五百歸己，三百上繳；第三個千美元，三百歸己，七百上繳；自第四個千美元開始，全部是二百歸己，八百上繳。翻譯薪水約三千美元，上繳以後實際入袋每月只剩一千六百美元，在物價昂貴的紐約，勉強維持生活。為什麼要用那樣複雜的方式計算，共產黨人的腦筋與常人不同，必然有其辯證理由。

1989年北京六四大屠殺發生後，中國管理官員如同被拔了牙的老虎，權威失墜，有人開始「抗命」拒繳薪資。有人向政府遞交請願要求薪水歸私。

除兩個忠貞黨員欽定有長期合同外,其餘職員所持是「試用借調合同」(fixed term probationary),先是兩年,如中共當局認為滿意,可再延三年。一共五年。五年期滿,非回國不可。此時許多人眼見馬上期滿,留任需中國政府特准,已無可能,回國則有被共產黨報復的風險。

他們有幾個膽大者暗地向工會代表郭仲德聯絡,郭開始只想幫助解決他們所面對的危機,無意反對中國政府,沒預料到最後事態會發展到牽動國際法庭,中國政府落敗,使中國在國際顏面無存。

遠在1974年,郭仲德與西班牙文工會代表一起就曾提案,指出中文和西班牙文的打字員應比照法文和阿拉伯文的打字員,得到國際徵聘的待遇。

結果工會一致通過,經聯合諮詢委員會審議,秘書長予以批准。

案件被告包括當時的聯合國秘書長佩雷斯・德奎利亞爾(Javier Pérez de Cuéllar),主管人力資源管理(人事廳)的助理秘書長後成為秘書長的科菲・安南(Kofi Atta Annan),起訴人是工總會主席弗朗德爾斯和義務法律顧問韋爾(Alice Weil)。其實大家都攜手合作賣力演一齣戲,明眼人已看出戲劇落幕是暴露共產極權之醜陋面目。

被告的聯合國行政部門以事態嚴重為由,一方面將6月底即將到期的一些人的合同暫時延至7月底,另一方面與中國代表團談判溝通。安南以一些中國職員近期出現「激動」

（excitement）為由，要求他們回國後不予追究，中國政府迫不得已，口頭答應，事實上，他們回國，「關起門打狗」，誰也不知道。

工會主席弗朗德爾斯（Lowell Flanders）也在六四後收到維也納辦事處一位中文譯員的求援信，其中揭露不合理的所謂內部規定，亟需擺脫合約屆滿被遣返的厄運。秘書長對工會求見，照顧中國顏面，不作回應。

1989年7月1日印度媒體記者採訪秘書長，問他會不會把中國大陸職員強制遣返，秘書長明言不會這樣做。工會代表便抓住這句話，要求秘書長落實。公文往返曠日費時，乾脆給他發電報（不是電郵）。7月4日假期之後上班，秘書長辦公室突然告知接見代表。弗朗德爾斯主席要賓特利－泰勒（Gail Bindley-Taylor）副主席和郭仲德隨行，三人直奔第三十八層秘書長辦公室。

弗朗德爾斯是美國籍，加州大學洛杉磯分校的MBA，堂堂一表人才，能言善辯，郭仲德與他已有十多年交情，他曾受命出任南美洲的聯合國駐地代表，回紐約總部，一直擔任其工作單位的工會代表，1980年代當選總工會代表。很多同事認為他若轉職大企業，必然飛黃騰達，家財萬貫，但他卻甘心屈就聯合國，改變世界。

三人進入秘書長辦公室，助理秘書長安南態度十分謙恭，還向他們作九十度鞠躬。秘書長表示歡迎，在場有中年女性英國籍機要秘書，負責速記。

弗朗德爾斯作開場白，建議來自中國大陸的職員任期屆滿，應予以續約。他將維也納譯員的求援信呈交秘書長。秘書長草草地看了一下，對著郭說，中國政府應顧及自己的形象。

郭仲德陳述說，天安門事件後，中國大陸籍同事前途未卜，有被逼辭職回國的焦慮，請他作出不強制遣返的書面保證。秘書長表示願意幫忙，這件事交由安南辦理。告辭時，他強調國際公務員沒有國籍，緊握著郭的手，有節奏地搖晃個不停，表示同情。

安南邁步打開室門送客，又是九十度躬躬。

國際公務員，對聯合國效忠，立場中立超然，而不是對本國效忠，所以說「沒有國籍」。

大陸員工薪資上繳觸犯條例。《聯合國憲章》第一百條明文規定國際公務員性質：工作人員執行職務時，「不得請求或接受本組織以外任何政府或其他當局的指示，並應避免足以妨礙其國際官員之地位之行為。」大陸同事私下接受中國外交部指示，將薪資上繳，顯然違反了上述規定。

首先申訴的是三名譯員和兩名打字員。秘書處設有聯合申訴委員會，負責初步審議，聯合國行政法庭終審。為爭取早日裁決，稍後他們請秘書長批准兩案直接提交行政法庭。

秘書處備有志願法律顧問名單，協助同事進行訴訟。主要顧問是已退休三年的韋爾女士（Alice Weil）。她22歲獲得耶魯大學法學博士，曾任秘書處法律事務司司長，其後成為首位女性助理秘書長。她指導他們草擬訴狀，三名譯員自己能執

筆,一位希臘籍女律師同事幫忙修改潤色。一位德籍女同事是漢學家,自告奮勇為打字員寫英文狀子,郭仲德從旁協助。

韋爾女士精通法理,思想敏銳,對人事條例瞭如指掌,很快便梳理出續約論據。雖然他們各人背景和專長不同,但都受過批判性思考的訓練,她當起「博導」,指點他們這些研究生撰寫「論文」,彼此合作無間。

續約的立論依據主要有三點。其一,根據大會有關決議,秘書處員工連續任職五年,如果考績良好,對其永久任用,應給予一切合理的考慮。申訴人持續工作已有五年,考績良好,對永久任用有合法期望。其二,申訴人與秘書處簽的工作合同屬雙邊性質,只要兩造同意,即可續約,無需得到中方或任何第三方同意。其三,秘書長在決定申訴人續約的問題上,接受中方非法干預,違反了《聯合國憲章》第一百條和第一百零一條,因此,有關不續約的一切決定,應予撤銷。

中方的論點是大陸同事都從中國「借調」給聯合國,因此續約必須中方同意。借調屬於三方合同,即職員、聯合國和中國之間的工作合同。但中方無法出示這種三方合約。大陸同事也從未簽過這種合同,只簽下與秘書處之間的雙邊合同。

中方論據缺點是大陸同事大多數在大學畢業後,在北京外語學院內的聯合國譯訓班培訓兩年,從未在任何「單位」工作過,何來借調?另一些大陸同事合約屆滿,也沒有任何「單位」可以讓他們回去,借調之說根本不能成立。

郭仲德及工會聯絡了《紐約時報》記者,接受採訪的包

括工會主席和幾位大陸同事。《紐約時報》的報導內容復出翔實。俄文譯員工會代表也告訴郭仲德，蘇聯籍職員十分佩服中國籍職員的勇氣。郭仲德知道他們也被迫上繳薪資，自己只能留其中百分之六十，與聯合國續約也是政府說了算，兩個社會主義國家的國民遭遇一模一樣。《紐約時報》記者也採訪了蘇聯籍職員，但沒有特別轟動的內容，最終未見刊載。

1989年12月10日，聯合國禮堂舉行音樂會，郭仲德在電梯旁同安南打了個照面，安南對他突然冒出一句：「這是艱澀的決定」。

不久人事廳告知兩名打字員不予續約。安南之「艱澀」意義在此，三位譯員繼之也收到不予續約的答覆。

三名譯員和兩名打字員當初提起訴訟，就已打定主意不回中國。當時他們的考量萬一敗訴，逾期居留為非法的，所以他們先與一些人權組織聯繫，請求法律援助。結果有一所著名法律事務所，派出兩位優秀律師義務同兩位打字員做了十多個小時的法定供詞，以備不時之需。

其中一名口譯申請到哥倫比亞大學法學院，如果秘書處不給他恢復原職，還有上學這條後路。這位口譯，因過去曾在牙買加出差時，我與他談過話。他有一天在走廊偶然遇見我，邀我中午與他共餐。我好奇前往。飯後他問我上過高級酒吧否？我答說不曾。他說，他今天請我去。於是聯袂至附近俯視聯合國大樓的有名酒吧，邊喝邊談。他告訴我，他要把薪水全部花完，不然代表團會說他貪污。我問其故？他說，按照聯合國

規定，他的薪水是屬於他個人，他愛怎麼花就怎麼花。他繼續說，但你知道，我們國內的翻譯，薪水都要上繳。我沒作聲。他又說，我就是不繳，理由是我都花完了，我拿收據給他看。我問，領導難道不找你談話。他說，我已經搬到外面住了，首先他們找不到我。我們都是經過文革的人，我還怕什麼「談話」？我說，你難道不怕回國後整你。他說，他已經申請了哥倫比亞大學法學院。聯合國合同期滿，他就去上學。

在大陸籍同事上訴期間，郭仲德告訴工會主席，打字員儲蓄有限，他馬上建議在代表全會提出資助每人三千美元的決議草案，獲得一致通過。

英國人休森（Ron Hewson）與郭仲德是國際公務員獨立性及安全小組委員會成員。大會每年將人事問題列入議程，使得他們可以提出報告，就職工關切事項，闡述立場和看法，供各國代表審議。

休森和郭仲德合撰國際公務員獨立性及安全的部分，其中援引《聯合國特權和豁免公約》第五條第十八款關於聯合國官員應免繳本國薪資稅的規定，指出中方強迫大陸同事把薪資上繳是違反公約的行為。該條款目的是確保國際公務員，不論來自哪個國家，享有同工同酬。中方採行的「八五三二二」制，無視同工同酬原則，蓄意違反公約規定。

事實上，絕大多數會員國依該公約，不對其在聯合國任職的國民徵收薪資稅。即使極少數會員國，如美國、土耳其等，對其國民課薪資稅，但也尊重同工同酬原則，照會聯合國其課

稅的措施。

　　三名譯員的上訴理由是，中方強迫上繳薪資，等於徵稅，因而要求聯合國行政法庭裁決：聯合國最後從平衡徵稅基金支付補償，郭仲德聯合其他人發起的中國籍職員訴訟，終得勝訴。

　　第一期聯合國譯訓班畢業生簽三年合同，第二和第三期簽五年合同，他們後來又允許簽終身合同。

　　郭仲德為中文打字員爭取到國際徵聘待遇，並推動一般事務人員級別薪資調整制度化，都一一落實。

　　本來中國大陸籍職員在工會代表郭仲德協助下在聯合國行政法庭官司獲勝，人人得益，包括大陸籍處長，應該感激郭仲德才合理。但是他們普遍認為，郭是故意出中國醜，丟中國臉。有一位大陸籍翻譯員於「全薪入袋」後惺惺作態道：「在80年代末90年代初，我們經歷了中國籍國際職員薪資待遇體制改革的交替階段。根據國際慣例，有關財務政策和職業發展規定均做出調整，其他歷史遺留問題也在逐步解決中。而我們這些經歷了幾十年社會主義公有制的新同事，初來乍到的感覺像是一下子變成了個體戶似的。生活中的麻煩事也跟著出現，如何應對態度惡劣的房東，哪裡生活便利度高，小孩入學以及夏令營的可靠選擇等等，都是在朋友的幫助下以及我們的不斷適應中，找到瞭解決辦法。」另一方面，她也坦承奴隸對往昔手銬腳鐐的迷戀。就是解除手銬腳鐐後無所適從的真心話。此後，郭仲德被這些人視為眼中釘，發動其他忠貞分子在次年的工會選舉中，把他選下台。

最後的結果是，郭仲德升級無望，與我一樣，以四品芝麻官身分退休。

大逃亡

　　天安門事件後聯合國翻譯大陸籍者絕大多數紛紛外逃。少數回國效忠者，多係高幹子弟，後來都獲高升。其中一人為崔天凱。崔當翻譯時，一板一眼，城府深沈，結識另一年輕美貌女翻譯後，棄結髮妻女如敝屣。妻子到處哭訴，見人都罵崔，包括向共產黨當局哀求，但中共只問對黨忠心，其餘一概不問。

　　妻感無奈，自力更生，獲博士學位，養育女兒。崔與女翻譯結婚，兩地分居，權財兩得；崔任駐日大使，新妻隨往，暫享夫人榮銜。我退休後，遷居日本，電視上常見崔，因不通日語，形象僵硬，不如其前任王毅遠甚，但王毅後來也搖身一變變成最兇猛的戰狼。崔後來調升駐美大使，電視上看到他接受CNN記者訪問，英語尚稱流利，官調十足，頭髮全白。後為秦剛取代，今秦剛又因與傅曉田情事而告失蹤。中南海風水輪流轉，外交官人格也跟著瞬息萬變。

　　大陸派遣翻譯，雖然也經聯合國考試，錄取後不能立即就職，先在聯合國在北京設立的預備訓練班學習一年。

　　預訓及等待應聘期間，外交部予以收編，從事教英文或編譯閒差，等候聯合國翻譯出缺，才能遞補。補上者一步登天，補不上者，在聯合國會議期間，可獲短期出國，到場服務。

　　大陸籍翻譯在聯合國任職期間，除忠貞黨員外，一律五

年，屬外交部職員借調聯合國，五年期滿，非回國不可。

中國此種做法，一是聯合國翻譯等於為外交部儲備語文人才。出去人多，可用人才也多。二是中國人人想出國，期限固定，人人有份。

中國實行公有制與平均主義。聯合國薪水太高，高出中國其他人。聯合國中國籍職員，最初集中住在代表團大樓內，聯合國薪水付給職員本人，不能中國代表團。所以由職員本人將領到薪水的人，雙手奉上，存入駐外公家賬戶，再由領導發給少額交通費及零用錢，吃住免費。

天安門事件後讓他們住在外面，因為要付房租及食物。他們以支票，按照規定數額，按月上繳。

聯合國翻譯很多是大陸學生精華，精明過人。天安門事件後，外派兩年期滿，絕大多數違規外逃，以留學生身份，滯外不歸。

天安門事件之前，我外調曼谷亞太經社會總部。有一大陸翻譯與我交好。我回紐約後，算他任期，應該是回北京時，突接他從美國加州寄來明信片，說他已在斯坦佛大學讀研究所。

我回信卻沒有回信。我知內有隱情，也許有不可告人苦衷，沒有追問。數年後，我碰到他以前同事，才知他期滿之前，不動聲色，辦完離職手續，離開曼谷。隔了許久，曼谷大使館才發現他沒有回北京，到聯合國查問，他搬家地址填寫美國。

另一個也是在曼谷認識的口譯。數年後，我在紐約找我，告訴我他在曼谷一年後，調往日內瓦，因他在預訓班認識結婚

的妻子也在日內瓦擔任筆譯。他們同住中國政府分配的宿舍,妻子懷孕,代表團強迫他們墮胎,不准在外國生子。他打定主意,上夜校讀學位。合同期滿,夫妻聯袂逃到紐約,在哥大完成法律學位後,申請美國華盛頓的世界銀行職位,找我推薦。現在是紐約著名律師事務所的合伙人之一。

一中國大陸漂亮女口譯,也是經常出差牙買加認識,天安門事隔多年,已與中國大陸切斷關係。她回聯合國當短期口譯員時告訴我,她當時是從紐約曼哈頓四十二街代表團建築物的高樓居室爬窗子,吊繩子,半夜下樓逃出,外面有早先結交的猶太男友接應。因白天提箱走出代表團大門,有門警把守,容易被抓,所以在深夜逃出。

另一中文打字員因計算不密,外逃前被抓,被代表團警衛用粗繩綁在床上哀號數日,直到中國航空公司航班抵達,才給她打麻醉針,由警衛護送回國。

天安門事件過後不到一年,美國總統喬治・布希簽署第12711號總統令「暫時禁止將中國國民驅逐出境」。過兩年,布希總統又公布《1992年中國學生保護法案》。天安門事變時在美國者,不計其身份,甚至包括忠誠共產黨員在內,一律發給美國綠卡,人稱「六四血卡」。

非洲

　　奈洛比（Nairobi）是聯合國環境規劃署及聯合國非洲總部所在地，也是肯亞首都，地處赤道附近。赤道給人印象是燥熱，但奈洛比市居高原之上，半夜清晨還需披一件長袖或線衫取暖，只有中午處於豔陽高照之下時才覺燥熱，躲到樹蔭或屋簷下，涼風習習，遍地鮮花，彩鶯繞樹，加上黑女衣著鮮豔，軟聲燕語，彷如置身天堂。

　　環境規劃署設在奈洛比郊外的吉吉利（Gigili），從奈洛比市開車過去約二十分鐘，那裡原是咖啡園，佔地一大片，平地起二層樓，花木扶疏，無花處植草，花花綠綠，赤道豔陽下，非常耀眼。裡面有聯合國職員約三百人。其中一大半是外國人，外國人中又絕大部分是白種人。我們外國人地薪水約為當地人的十倍，生活高人一等。普通人家都有兩三個傭人伺候。

　　我在奈洛比任職兩年。我家住奈洛比西區，從那裡開車約十五分鐘到達環境規劃署辦公室。沿途高高低低左轉右彎，盡是咖啡樹林。我中午在食堂吃完飯，常繞著咖啡園中的小徑散步。

　　環境規劃署內員工三百餘人，見面都認識。人少是非多，如瑞士籍女護士與埃及籍署長有染等，謠言滿天飛。白種人自成天地。有一次，中國環辦代表，因不懂英文，要我以暫代他

出席討論會。我西裝筆挺赴會，座上五六人，我拿出筆記本猛記，其中一英國代表神情凝重，款款而談，細看原來是前一天我在英航旅社咖啡廳，與美貌英航空姐卿卿我我的花花公子。

　　黃種人只有台灣來兩名翻譯，兩名日本人及兩位毛里求斯華僑小姐，我因通日語。我們夫妻都是中日兩國大使館的常客。中共大使館館員不能私自外出，有事必須兩人同行，相互監視。使館人數眾多。

　　奈洛比市內中餐館老闆兩家。他們的中餐食材從香港販來。如客人點麵條，端出來的大半是肉，小半是麵，肯亞是畜牧國家，麵條為舶來品。但那裡可以吃到便宜海參，因有一台灣船員，在蒙巴薩跳船，娶當地穆斯林女為妻，丈人為阿拉伯籍富商，他發現東非海中多海參，而非洲人不吃，乃僱專人打撈，曬乾出口港台及世界各大城市的唐人街，成了巨富。

　　我輩聯合國人，享有免稅特權，二月一次，進口免稅食品。有聯合國華人利用這種特權，為這些中餐館從香港進口食材，賺取差價。後來我調差曼谷亞太經社會，也享有此特權，許多印度籍職員，也將免稅買來蘋果及洋酒直接載入熟識超市出售；也有買高級洋車連同外交車牌轉售富商者。濫用聯合國特權，為貧國職員常態。

　　奈洛比有兩家賭場，我不會賭。何以消此漫漫長夜？我喝威士忌，自此始。晚年為了健康，下大決心，終於戒酒。

　　文革期間的中國與肯亞關係密切，中國大使館龐大，人員雖多，多是男人，女人只有大使夫人及女職員一名，廚房打雜

二三人，非老即醜；後來環辦（環保辦公室）派來兩位年輕貌美女性到聯合國當打字員，裡面男人，立即生氣蓬勃，為博得她們青睞，唇槍舌劍，爭風吃醋，這是我後來才聽說的。

中國大使打游擊出身，原是葉劍英部下，陳毅當外交部長，駐外大使多為其屬下，陳、葉一伙，葉部下亦受惠，因此大陸大使多丘八出身。這位大使雖不通外語，長相魁梧，威風凜凜，原駐維也納，很受奧國尊敬。在奈洛比，他每天起床，由專用翻譯讀當地報紙給他聽，特別是有關中國的報導。夜晚固定時間，包括他自己，一齊打開聽短波收音機的《人民日報》社論。他與我談起，當年打蔣介石時，背包常帶一張狗皮，晚上地上打鋪，防潮保暖。館員不准私自外出，必要出門，同行至少兩人，他們數年不回國，整天待在裡面，悶死人也。我們華人常被請去，為他們消愁解悶。吃飯常費數小時，菜色講究，為奈洛比中餐館所無。奈洛比華人職員，包括我是三家，另外還有一家是台灣來的外省人，原住美國，搬來奈洛比，平時遊手好閒，據他自己說，是替美國蒐集商業數據，妻子高中畢業，後來也來聯合國當中文打字員。他們一家很少透露私事，神神秘秘，也積極親近大使館。他們也時而回請大使館。

大使館人員出門，都是一大幫。他們一群人作客，大家都不說話，只有大使一人放言高論。使館人員都愛吃冰淇淋。他們兩家招待大陸客，必備大箱冰淇淋。

有一次大使館回請他們兩家吃豆腐，順便也請了我。豆腐在奈洛比是稀罕食品，中餐館職員保藏品的乾硬豆腐，沒有新

鮮豆腐。大使館廚師自製豆腐。我一清早過去，幫忙磨豆腐，煮豆漿，做各種豆腐料理，是我生平第一次見識做豆腐的全部作業，直到晚上吃完豆腐餐，回到家已近十點。

大使翻譯名李肇星，長相不雅，齜牙咧嘴，藉丈人秦力真之力，最後升至外交部長，好鬥成性，開戰狼外交先例，有「紅衛兵部長」（Red Guard Ambassador）和「鬥雞」（fighting Cock）等雅號。

我跟他常見面，沒有交情。他在肯亞大使館內拼命學英文。與我一起任中文翻譯的是我東海大學高一年級外文系同學，畢業後赴美得比較文學博士學位，先在美國大學教書，比晚我一年入聯合國。他妻子是美國土生土長華裔，中文不大會說，英語則沒有外國口音。李肇星請他太太每週去使館糾正自己的英語發音。

大使館內住有環辦（環保辦公室）代表，與大使平起平坐。此公來頭不小，禮賢下士，對文人如張北海、劉大任禮數周到，傳說解放軍進北京城時，他負責安撫文人，因得罪江青，自請下放非洲。我託張北海之福，1972年初到北京，受其盛情招待，帶我與張北海遊琉璃廠，告訴我只要看上什麼名畫，他可以叫店主以最便宜價格賣給我，我不識趣地回答我不懂中國畫。四人幫倒台，他回國為環辦部長級主任。中國自有環辦，就由他負責。

環保在當時中國只是點綴和國際政爭工具。現在中國環境世界最劣，他與有責焉。他的英文翻譯與我交往多年，來紐約

出差時多住我家,據其自言,他與另一使館翻譯李肇星在1983年趙紫陽訪問肯亞時,為趙夜晚消遣,放映烏干達獨裁者《伊迪·阿敏·達達》(Idi Amin Dada)電影時,站立趙背後,為趙講解劇情。趙回國,在提拔年輕人的會上特別提及他和李肇星名,兩人從此青雲直上。

　　日本大使館人數較少,花樣不多,請客吃飯,一年數次,壽司為主,也極豐盛。他們在聯合國內人數少,客人多為商社職員,全是男性單身。聯合國內有一日籍女法律顧問,單身貌美,是眾男欽慕對象。聽說她原在英國劍橋學習法律,名師推薦進入聯合國。我有一次見到她帶了印度男友來赴宴會,喝得酩酊大醉,大庭廣眾之中,與男友摟摟抱抱,日本女人如此放浪形骸是我生平僅見。

　　毛里求斯國語為英文和法文。聯合國內辦事正是這兩種語文。毛里求斯兩位華裔小姐,屬事務員,高中畢業,當地居民主要是印度人和非洲人,華人極少,都是鄰國馬達加斯加客家人的外移者。華人不嫁外族,客家女人特甚。她們無結婚對象,冒險來肯亞。兩人一活潑,一保守,活潑者勤學中文,能簡單會話。環境規劃署年會,紐約來一單身港人翻譯,兩人一見鍾情,如膠似漆。他回去後重來,女職員已準備結婚,一同到海灘共遊,回來後即告分離。所幸,另一紐約同事,知該女急於結婚,為其介紹美國南部華裔老闆,一拍即合。

　　肯亞多數民族為基庫尤族(Kikuyu),從事農業,辛勤勞動,婦女多矮胖肥腫。少數遊牧民族名馬薩義(Masai),

長頭長臉,男有髮,女光頭,男披紅布一匹,女頸套金屬圈,赤足疾行。男人以前以標槍屠獅一頭為成人禮。最初是單人屠獅,後集體獵獅。見獅子,搖鈴激怒之,引獅子前來,獅躍身,勇士蹲下,持槍對獅喉,獅落下,正好刺中。電光石火,瞬間斃命。他們英武彪悍,也常出襲擄掠其他民族之牲畜,因其宗教信仰,牲畜為神給馬薩義人之物,擄掠是物歸原主。現行肯亞法律嚴禁搶劫他人財物,他們淪落貧窮。奈洛比的印度人和洋人家僱他們為保全,戶外守夜,不以為苦。

有一美國職員,公子哥兒出身,哈佛大學法學院畢業,沒考律師執照,進入聯合國擔任法律專員,中年帶一年輕妻子來奈洛比就職。妻子惑於馬薩義族的浪漫傳說,離婚追隨馬薩義守衛而去,流浪過遊牧生活。我回紐約不久碰到他,他說打算換職,找一履歷公司,代寫履歷,電話試談,詳細問明學歷、經歷;亮出底牌,原來曼哈頓高級豔窟,代寫履歷表只是幌子,用以篩選顧客,為可靠單身富裕人士提供一夕之歡。我出入總部,常遇此君,他始終未婚。多年之後,同上電梯,我聞到酒臭,見他鼻尖發紅,想是酗酒過度。

我任職的兩年可說是肯亞的黃金年代,獨立不久,首任總統喬莫‧肯雅達(Jomo Kenyatta)聲望正隆,英國勢力沒有全退,法治仍然基礎大致健全。治安良好,是非洲最佳旅遊勝地。我離開隔數年回去兩次,每次去,都有人告訴我被偷被搶的頻繁加劇。第一次回去時,有一加拿大廣東裔泛美航空公司職員說,他家半夜有數名黑人持槍侵入,綑綁了他們夫婦,

見他家女兒年輕,暴徒之一企圖強姦,媽媽苦苦哀求,動之以情,暴徒歇手,搜刮所有財物而去。第二次回去時,聽說規劃署職員大白天上街途中,遇一黑人持槍攔車搶劫,他本人幸而只損失少許金錢而已。隔數年,見規劃署職員來訪,談起她在聯合國辦公室對面多重保安的公寓房租房,欲觀野生動物則飛鄰國坦桑尼亞國家公園。

馬薩義族近親有索馬里人。索馬里連年戰爭,民不聊生,婦幼出奔,湧至奈洛比,靠原始本錢維生。索馬里雞(Somali chicken)一來,本地姊妹無法招架,市場幾乎為其佔領。三十年前,有一黑人名模,單名伊曼(Iman),阿拉伯語義順從,長頸細膩,美不勝言。剛出道時,時裝界哄傳,她原為沙漠牧羊女,吸天地精華,成此美貌。實際上,她的父親是索馬里駐埃及的外交官,在奈洛比大學學習政治,通曉五種語言,上街時為星探發掘。

```
國家圖書館出版品預行編目

我是怎樣混進聯合國的？/ 陳文華著. -- 臺北市：
致出版, 2025.05
  面；  公分
  ISBN 978-626-7666-06-7(平裝)

  1.CST: 陳文華  2.CST: 回憶錄

783.3886                    114004859
```

我是怎樣混進聯合國的？

作　　者／陳文華
出版策劃／致出版
製作銷售／秀威資訊科技股份有限公司
　　　　　　114 台北市內湖區瑞光路76巷69號2樓
　　　　　　電話：+886-2-2796-3638
　　　　　　傳真：+886-2-2796-1377
網路訂購／秀威書店：https://store.showwe.tw
　　　　　　博客來網路書店：https://www.books.com.tw
　　　　　　三民網路書店：https://www.m.sanmin.com.tw
　　　　　　讀冊生活：https://www.taaze.tw

出版日期／2025年5月　　**定價**／300元

致 出 版
向出版者致敬

版權所有‧翻印必究 All Rights Reserved
Printed in Taiwan